大家小书

海上丝路与文化交流

常任侠 著

北京出版集团公司
北 京 出 版 社

图书在版编目（CIP）数据

海上丝路与文化交流 / 常任侠著. — 北京 ：北京出版社，2017. 10

（大家小书）

ISBN 978 - 7 - 200 - 12994 - 6

Ⅰ. ①海… Ⅱ. ①常… Ⅲ. ①海上运输—丝绸之路—研究②中外关系—文化交流—研究 Ⅳ. ①K203②G115

中国版本图书馆 CIP 数据核字(2017)第 092952 号

总策划：安　东　高立志　　责任编辑：司徒剑萍　高天航

·大家小书·

海上丝路与文化交流

HAISHANG SILU YU WENHUA JIAOLIU

常任侠　著

*

北京出版集团公司 出版
北京出版社

（北京北三环中路 6 号　邮政编码：100120）

网　址：www.bph.com.cn

北京出版集团公司总发行

新华书店经销

北京华联印刷有限公司印刷

*

880 毫米×1230 毫米　32 开本　5 印张　83 千字

2017 年 10 月第 1 版　2018 年 5 月第 2 次印刷

ISBN 978 - 7 - 200 - 12994 - 6

定价：34. 00 元

如有印装质量问题，由本社负责调换

质量监督电话：010 - 58572393

序　　言

袁行霈

“大家小书”，是一个很俏皮的名称。此所谓“大家”，包括两方面的含义：一、书的作者是大家；二、书是写给大家看的，是大家的读物。所谓“小书”者，只是就其篇幅而言，篇幅显得小一些罢了。若论学术性则不但不轻，有些倒是相当重。其实，篇幅大小也是相对的，一部书十万字，在今天的印刷条件下，似乎算小书，若在老子、孔子的时代，又何尝就小呢？

编辑这套丛书，有一个用意就是节省读者的时间，让读者在较短的时间内获得较多的知识。在信息爆炸的时代，人们要学的东西太多了。补习，遂成为经常的需要。如果不善于补习，东抓一把，西抓一把，今天补这，明天补那，效果未必很好。如果把读书当成吃补药，还会失去读书时应有的那份从容和快乐。这套丛书每本的篇幅都小，读者即使细细地阅读慢慢地体味，也花不了多少时间，可以充分享受读书的乐趣。如果把它们当成补药来吃也行，剂量小，吃起来方便，消化起来也容易。

我们还有一个用意，就是想做一点文化积累的工作。把那些经过时间考验的、读者认同的著作，搜集到一起印刷出版，使之不至于泯没。有些书曾经畅销一时，但现在已经不容易得到；有些书当时或许没有引起很多人注意，但时间证明它们价值不菲。这两类书都需要挖掘出来，让它们重现光芒。科技类的图书偏重实用，一过时就不会有太多读者了，除了研究科技史的人还要用到之外。人文科学则不然，有许多书是常读常新的。然而，这套丛书也不都是旧书的重版，我们也想请一些著名的学者新写一些学术性和普及性兼备的小书，以满足读者日益增长的需求。

"大家小书"的开本不大，读者可以揣进衣兜里，随时随地掏出来读上几页。在路边等人的时候，在排队买戏票的时候，在车上、在公园里，都可以读。这样的读者多了，会为社会增添一些文化的色彩和学习的气氛，岂不是一件好事吗？

"大家小书"出版在即，出版社同志命我撰序说明原委。既然这套丛书标示书之小，序言当然也应以短小为宜。该说的都说了，就此搁笔吧。

导　　言

海上丝绸路早开

王　镛

早在秦汉时期，我国就已经开辟了海上丝绸之路。海上丝绸之路的命名虽然晚于陆上丝绸之路，但海上丝绸之路在国际文化交流史上的重要意义不亚于陆上丝绸之路。20世纪80年代初，中国学者就已经开始了海上丝绸之路文化交流史研究。常任侠先生的著作《海上丝路与文化交流》就是在1983年完成的。作为知识性与可读性兼备的学术普及读物，本书不仅在当时开拓了海上丝路文化交流史研究领域，而且在今天丝路学已经从冷门蔚为显学的热潮中仍具有相当珍贵的参考价值。

常任侠先生（1904—1996）是中国著名的东方艺术史家。他的丝路文化交流史研究几乎贯穿他一生的学术生涯。他1904年生于安徽省颍上县东学村。1922年入南京美术专科学校。1928年入南京中央大学文学院攻读古典文学，1931年毕业留校任教。常先生在他的回忆录《生命的历程》中记载："在大学，我开始对于丝绸之路的探讨，认识了中国与印度接触后，两国古文化的交融，促进了东方文明的发展。接着1935年春天，我到日本东京帝国大学继续学术探讨，从日文中和佛经译文中，推考古汉语的发音和变革，以及法师与律师的阐扬和规律。在奈良的古建筑中，在法隆寺的壁画中，在正仓院藏宝中，深切体会到中国与印度、中国与日本的文化交流，创造了很多的宝贵文化遗产，流传至今，必须加以发扬。"1935年至1936年留学日本期间，他曾与原田淑人、岸边成雄、田边尚雄等日本学者一起探讨古代中国与西域东瀛文化艺术交流的历史渊源。1939年至1942年，他在重庆用文言撰写了一部《汉唐之间西域乐舞百戏东渐史》。1945年至1949年，他在印度诗人泰戈尔创办的圣蒂尼克坦印度国际大学中国学院讲学期间，也曾与巴贝特、木库德等印度学者探讨丝路文化交流史问题，并追随大唐玄奘法师的遗踪，实地考察印度宗教文化遗迹。1949年以后，常先生在北京一直担任中央美术学院教授，根据他在中国、日本、印度搜集的资料，出版了《中印艺术因缘》《东方艺术丛谈》《丝绸之路与西域文化艺术》《海上丝路与文化交流》等著作，还翻译了法国东方学家雷奈·格鲁塞的名著《东方的文明》（介绍从埃及到印度、中国、日本等丝路沿线诸国的历史、文化、艺术）。

常先生的《丝绸之路与西域文化艺术》（1981）与《海上丝路与文化交流》（1985）两部著作，可谓丝路文化交流史研究的姊妹篇。前者侧重陆上丝路中国与西域的文化艺术交流，主要涉及西域音乐、舞蹈、杂技艺术的东渐。后者侧重海上丝路中国与东瀛的文化艺术交流，内容涵盖中国与印度、东南亚特别是日本的物产、文学、美术交流诸多方面。《海上丝路与文化交流》采用类似史话的轻松笔调，从秦始皇时代徐福入海求仙的传说开始，娓娓动人地讲述海上丝路的故事。故事从东海转向南海，扶南、林邑、真腊与中国交往频繁。本书列举了经海上丝路“泛舶南海”的中国历代求法高僧的冒险经历，以及鉴真东渡的事迹。作者感叹：“以上佛教僧人三十余人，以晋代的法显最早由南海归航。其他自常慜以下，皆是唐代佛教僧人，皆来往于海上。有些人死于海上的风涛；有些人染上了热带的病患，大愿未成，早年逝去；有些人眷恋佛土，一去不归。但他们敢于在这条海洋的旅程上，冒险远游，这是宗教的虔诚支持他们的献身精神。不论成就大小，都是使人尊敬的。”本书在论述印度佛像主要通过陆上丝路传入中国的历史的同时，也谈及从南海航路传来的佛像。本书涉猎的话题极其广泛，例如原产地是中国的玫瑰花传到古代斯里兰卡被称为“亲戚的生命”，而许多名贵的花果、宝石、香料、珍禽、异兽，往往是从西域或南海传来。本书的重点在于中国与日本的文化交流，中国的服装、饮食（茶最为典型）曾传入日本，中国文字、文学、美术对日本的影响尤其深刻。作者引证日本学者盐谷先生的论断，说明汉字与日语、真名与假名、唐诗与和歌、唐人传奇与物语草纸、元明戏曲与能狂言、明清小说与江户文学的关系。作者又阐述了日本的唐绘、水墨画所受唐画、宋画的影响，日本浮世绘所受明代版画的影响，正如日本画家中村不折所说“中国绘画是日本绘画的母体”。作者的结论是：“中国与日本的文化交流多是通过海洋来完成的。”

今天中国正在大力推进“一带一路”建设。丝绸之路不仅是经济贸易之路，而且是文化交流之路。常先生的《海上丝路与文化交流》对我们回顾丝路文化交流的历史，促进当代丝路文化的交流，都是一本非常适时而饶有意味的读物。

目 录

一、海是联络友情的道路

蔚蓝的大海，围绕着我们的国疆。从东北到西南，我们有绵长的海岸线。我们有几条大江大河，都从内地通向海。从东北的黑龙江、松花江，中原的黄河、长江，广东的珠江，在江河流域肥沃的土地上，孕育出了我们民族光辉灿烂的文化。我们的人民熟悉海而且热爱海，很早我们就发明了钉子，促进了造船术，有能力控制海。“四海皆兄弟”是我们崇高博大的胸怀；把我们的文化，“乘桴浮于海”，传向远方，是我们古哲人的善良愿望。因此海上的交通是我国人民很早就开始探索的途径。“东临碣石，以观沧海”，人们对着遥远的海市蜃楼，生出无限奇妙的幻怪传说——海上有三神山，有长生不老的仙药。在我们最早的商民族的甲骨文里[①]，就初步透露出了这种

① 亡友陈梦家曾在我的纪念册上，写过三神山甲骨文，有过一些初步的想法。

神话般的美丽思想。其后经过逐步的探查实践，取得证实——一片白帆，划出海上的无数条道路。由海上通向世界的丝绸之路，就这样随着时代的进展，逐渐在一望无际的海洋上形成了。

我们祖先发明的指南针是对世界的一大贡献。说是“天涯若比邻”却并非容易。大海茫茫，何处是天涯？邻居又在哪里？有了指南针定向，在航海中，才不至于迷途转向，才能找到我们的邻居。因此才能交换我们的知识，互易我们的物产，扩大我们的视野，促进我们彼此的文明。

我们从海上找寻邻居，应该先从东方说起。秦皇、汉武，虽然是迷信仙药，希冀可以“万寿无疆”，做了可笑的角色，但他们派人海上求仙，却留下了美妙的历史传说，为中国与日本人民的友谊增添了色彩。

在《史记·秦始皇本纪》里，记述着这样一件事：山东人徐市上书，说海中有三神山，名叫蓬莱、方丈、瀛洲，是仙人居住的地方，他愿与童男童女前往求仙。于是始皇就派遣徐市率领童男童女数千人，入海求仙人。《史记·封禅书》也说：三神山相传在渤海中，离人境不远，若要接近，风就把船吹走。《史记·淮南衡山列传》又说：

又使徐福入海求神异物，还为伪辞曰：“臣见海中大神，言曰：‘汝西皇之使邪？’臣答曰：‘然。’‘汝何求？’曰：‘愿请延年益寿药。’神曰：‘汝秦王之礼薄，得观而不得取。’即从臣东南至蓬莱山，见芝成宫阙，有使者铜色而龙形，光上照天。于是臣再拜问曰：‘宜何资以献？’海神曰：‘以令名男子若振女与百工之事，即得之矣。’”秦皇帝大说，遣振男女三千人，资之五谷种种百工而行。徐福得平原广泽，止王不来。

徐福即徐市。这一段说的是徐福扯了个弥天大谎，骗信了秦始皇，使秦始皇给他男女三千人，以及五谷种子、各种工人，助他入海，得到平原广泽、肥沃的土地，就作了当地的王，不再回来。

《史记》中几次记述这个事情，但都未提到与日本有什么关系。只不过是率领童男童女及各种工匠，并携带一些生产资料，到海中寻得了生产基地，一去不返而已。但是在日本却传说徐福带着一千人众，在纪伊熊野浦（现在的和歌山县新宫市）登陆，登陆之后，就教导当地的人民耕田捕鲸，发展生产，使这里成为乐土。他死后，当地人民为了纪念他，为他及他的随从修建了坟墓。墓在新宫（又叫徐福町）七一七八番地，墓前有一石碑，上面刻有“秦徐福之墓”五个字，是李梅溪所书。据当地的传说，徐福奉命求长生不老的仙药，率领童男童女，并携带金银珠玉、五谷种子和生产工具等入海，约在距今二千二百年以前到了熊野。以后就留住不去，在这里开垦，并教导当地的人民耕作、捕鲸，受到人民的尊敬。人们更为徐福立祠，专门祭祀他们，至今不绝。每年11月28日是祭祀徐福的祭日。这个徐福祠今称徐福神社，而且作为波田须神社分祀之处。波田须意即“秦住”或“秦栖”，也是根据秦人徐福留住此处的传说而来的，至今已成为当地著名的胜迹，年年岁岁，吸引着无数过往游人。

徐福祠虽始建于元明之间，距今不过六七百年，但徐福的传说却相当久远。据汪向荣氏的研究，徐福传说的年代，在日本正相当于原始氏族社会的弥生时代中叶。当时，还没有文字记载的历史，但从地下出土的物品看，可知当时日本列岛的部分地区，已开始从以渔猎为主的采集经济过渡到农耕经济。日本农耕的主要作物是水稻，从最近发现的弥生时代的谷粒分析，这稻种十之八九是从中国传去的。至于传入的路线，虽有各种说法，但是通过山东半岛渡海而传去的这一点，是无论哪一派都承认的。因此可以说，关于徐福的传说，很可能就是在当时有这样事实的基础上发展起来的。

据最近罗其湘、汪承恭两人的发现和考证，在江苏省赣榆县城北金山乡南一公里处，有徐福村（今名徐阜村）。这个徐阜村，即徐福村故址，村有纪念徐福庙，其地秦属琅邪郡。战国时赣榆属齐地。琅邪郡、赣榆建制，在秦已有确证。最近在陕西秦始皇陵西侧出土的秦赣榆刑徒墓葬瓦文，有“赣榆距”（板瓦内侧倒书）、“赣榆得”（秦汉榆、揄并用）可为实证。徐福为秦琅邪方士，始皇东巡，有了东渡求仙的使命。今传当地的方志和民间的族谱，有“后徐福”“徐福社”“徐福河”“徐福村”等达十余处（详见《秦代东渡日本的徐福故址之发现和考证》，《光明日报》1984年4月18日第3版），这不是无所根据的。

中国与日本是兄弟之邦，两方面的传说，可以互相补充。日本京畿地方的秦人，子孙繁衍，传世已久，很可能就是中日文化交流的先驱者。

在日本的弥生中期，日本列岛最先进的地区是与朝鲜隔海相望的北九州一带。当时不论先进的文明或生产技术，都是从中国大陆或朝鲜半岛先传到九州，然后再传到日本列岛各地的。畿内地区虽然比之北九州开发较迟，但土地肥沃，地多平原，较易农作，因此生产发展，不久就超过了北九州。其得力于中国和朝鲜移民的协助，虽无文字的历史记录，但研究中国与日本文化传播的学者们是可以推测得到的。畿内逐渐发展为日本文化中心地带。日本把徐福的传说和这地区联系起来，建立了神社和墓地，也建立了日本人民与中国人民永恒的友谊。

日本原始文化的状况，从《三国志·魏志·倭人传》开始，逐渐有了文字的记录。考古学者从日本古坟出土的许多铜镜上，也证明了日本与中国大陆的文化关系。从海上开辟道路的先驱者，无疑地比这些文化的遗物传播更早，这是我们可以理解的。曾记得日本国际艺术展览协会会长藤井丙午氏说：“中日文化交流建立起来长达两千年的友好关系。当日本历史还处于黎明的阶段，中国早已发展到高度文明的社会。可以说，我们日本人是在贪婪地吸收了经过朝鲜半岛传来的中国文化后，才摆脱了未开发的状态。日本人民在学习了汉字之后，以它为基础创造了叫作假名的日本文字，这是最能说明这个问题的例子。”因此可见中国与日本，都尊重这个长期发展的友谊，日本当初用汉字，在《古事记》《日本书纪》《万叶集》《怀风藻》等古文书中，都是如此。从汉字进而创造假名，其中也有印度梵文的因素，对于印度的宗教与文明，日本是从中国间接吸取的，可见这一条海上的通路，很早就贯穿到东方的日本了。

从汉武时代，向东方开辟了玄菟、乐浪等四郡，汉文化逐渐由朝鲜传播到日本。海上的航行，在官书上已经有了记载。

从秦汉时起，向西南也开辟了交趾、日南等四郡，交广两道向西南的海上发展，可以说与西域的陆上丝绸之路，同时并行。从海上来的新鲜事物及各民族不同的风习文化，见闻更多更广。

汉文化首先传播到中南半岛的北部。两千年来，越南人民在政治上独立自主约一千年，与大陆结为一体，亦约千年，但无论是在独立或附属的情况下，其使用汉文字、学习汉文化则是一贯的。汉文字为越南人民所掌握的水平与朝鲜人民相似，达到很高的程度。《明诗综》中，所收入的朝鲜汉诗与越南汉诗，可以互相媲美，所刊书籍也使用汉文，可见汉文化浸润之深。交趾即后之东京[①]（Tonkin），汉末之乱，内地移民往者颇众。其地又为西亚与东亚贸易要地，166年罗马帝安敦使人即在此登陆。因此加强了交往，而使中国与从交州至东罗马通道中的诸国发生关系。

自林邑以西，在纪元初的几个世纪中，扶南最为重要。中国隋唐时代的音乐舞蹈，即有扶南来的乐队。可见当时双方已有文化关系。扶南在中南半岛的西南部，立国颇古，再南为真腊（即今柬埔寨）。真腊在6世纪末及7世纪初，原为

① 越南首都河内的旧称。

扶南的属国，后灭扶南而有其地。扶南之灭，约在留陀跋摩时，真腊王质多斯那，兼有扶南之地，其子伊奢那先代立，曾入贡于隋（616—617）。柬埔寨古代曾建吉蔑帝国（Empire Khmer），为吉蔑种人，吉蔑亦译高棉。

这些中南半岛各国的历史，除本地的石刻碑铭略有记载外，在中国史籍中，保存有丰富的资料，如《后汉书》《三国志》《晋书》《宋书》《南齐书》《梁书》《陈书》《隋书》《南史》《旧唐书》《新唐书》《五代史》《新五代史》《宋史》《元史》《明史》等国家正史中多有专传。其他如《水经注》《册府元龟》《唐会要》《五代会要》《岭外代答》《岭表录异》《诸蕃志》《文献通考》《海录》《星槎胜览》《瀛涯胜览》等书也多有关于中南半岛以迄亚洲沿海国家的记载。中国的历代政府和人民，注重历史，勤于写作，贡献于亚非古代文化者特多，这是可以引以自豪的。

大概自越南南部以西，受印度佛教及婆罗门教的影响较深，佛寺林立，文字也受梵文的影响。古代国王名和地名，往往有梵文式的名字出现。这些地方距中国较近，所以首先有了通使往还，在中国史册上，也有较早的记录。

在3世纪时，陈寿《三国志》曾记吴大帝时，吕岱为广州交州刺史，曾“遣从事南宣国化，暨徼外扶南、林邑、堂明诸王各遣使奉贡”。此事约当245至250年，吴孙权遣宣化从事朱应、中郎康泰使扶南，沟通了中国与扶南的文化关系。又载吴赤乌六年（243）十二月，扶南王范旃遣使献乐人及方物。其后《晋书》也有扶南传，留下记载。

至6世纪时，萧子显撰《南齐书》，其中有《扶南传》，首先述一个神话传说：说是扶南国在日南郡以南，土地广阔有三千余里，有大江，向西北流，东入于海。首先有一位女子为王，名叫柳叶。又有激国人名混填（**Kauṇḍinya**，后译憍陈如），梦神赐弓二张，教他乘船入海。混填早晨起来，于神庙树下得弓，就乘船向扶南。柳叶看见海船来侵，准备领众抵御。混填举弓遥射，一箭把船射穿，将侍人射中。柳叶惊惧，遂降服。混填即以柳叶为妻，又不喜她裸露形体，乃叠布贯其首，始有衣着。遂统治其国。这一段神话，说明在原始社会中，一个女酋长统治着这一片蛮荒的土地，尚无衣服文化。

其后，扶南国子孙相传，屡起内乱，互夺政权。在其王槃况死后，国人立其大将范师蔓。蔓病，他外甥叫旃的篡立，杀了蔓的儿子金生。蔓的少子名长，又袭杀了旃，为父兄报仇。旃的大将范寻，又杀了长，国人立以为王，这正当中国吴、晋时代。

到东晋和南朝的宋时，才通朝贡。宋末扶南王姓憍陈如（Kauṇḍinya）名阇耶跋摩（Jayavarman），派遣商货到广州。印度僧人那伽仙（Nāgasena）附载商船欲归国，遭风漂到林邑，被林邑人将财物掠夺皆尽。那伽仙间道得达扶南，具说中国有贤明的政治。永明二年（484）阇耶跋摩派遣印僧那伽仙上表祝愿，并说前曾遣使运输诸物到广州贸易，印度僧人那伽仙于广州附船欲来扶南，不料在海中遇飓风，漂到林邑，林邑此时是扶南的叛奴鸠酬罗为王，他把那伽仙的货物尽行抢劫了，那伽仙逃到扶南。阇耶跋摩表中述说此情，并说林邑属于中国，故求加以讨伐，并自愿出力协助，以清边海的匪类。平荡之日，当献金五婆罗（bhāra，每婆罗合五百六十斤），随那伽仙献上金镂龙王坐像一躯、白檀像一躯、牙塔二躯、古贝二双、琉璃（vaidurya）苏鉝二口、玳瑁槟榔柈一枚。那伽仙到京师后，说扶南国俗敬摩醯首罗（Maheśvara）天神，神尝降于摩耽山，地气常暖，草木不落。从《南齐书》的这一段记录看，扶南已受到印度文化的不少熏染，到5世纪时，扶南的王已经出现印度式的名字，而且所信奉的已是印度的湿婆（Shiva）神。如憍陈如、阇耶跋摩、那伽仙、摩醯首罗等这些名字也是按照当时的中国译法译出的。中国与印度的文化接触，首先是由商人和僧侣们传播的商品和贡品——在南海的丝绸之路上，已经不断流通了。

在《南齐书》卷五十八的《蛮、东南夷》中，载有国王上书对中国的五言四十四颂，是一个深受印度宗教文学影响的具体例子。我疑此文原出梵语或扶南语，由中国的史官加以译述，与中国北部鸠摩罗什之译佛典，颇相类似。若果彼土人士，对汉文能有这样的造诣，那是难能可贵的。那伽仙大概与我国的法显相似，能通梵汉，其往来于南海，已不止一次。说他“屡衔边译”，也就是说屡次通译对方情况。中国对扶南报以绛紫地黄碧绿纹绫各五匹。扶南对中国，“货易金银彩帛”，以得到中国的丝织品为贵。在他们的上层社会中，“大家男子截锦为横幅”，横幅后又叫干缦，即马来语的纱笼（sarong）。“女为贯头”，中国丝织品为他们的上层所珍视。只有“贫者以布自蔽”的棉织品不贵，棉花虽为中国所知，但尚未传入。

到7世纪上半叶，姚思廉撰《梁书》，对于西南海上的交通记载，就更多了。

卷二：

天监二年（503）秋七月，扶南、龟兹、中天竺国各遣使贡方物。

天监十三年(514)八月癸卯,扶南、于阗国各遣使献方物。

天监十六年(517)八月辛丑,扶南、婆利国各遣使献方物。

天监十八年(519)秋七月甲申,于阗、扶南国各遣使献方物。

卷三:

普通元年(520)正月庚子,扶南、高丽国各遣使献方物。

中大通二年(530)六月壬申,扶南国遣使献方物。

大同元年(535)七月辛卯,扶南国遣使献方物。

大同五年(539)八月乙酉,扶南国遣使献生犀及方物。

这些记录说明了海上交通的进步,与西南海外各国的文化接触有了增进,对他们的了解更多了,和他们的关系也更密切了。

在《梁书》卷五十四的《诸夷》中,对于南海的知识也比较丰富了,记载说:“扶南国,在日南郡之南海西大湾中。去日南可七千里,在林邑西南三千余里,城去海五百里,有大江广十里,西北流,东入于海。其国轮广三千余里。土地洿下而平博,气候风俗大较与林邑同。出金、银、铜、锡、沉木香、象牙、孔翠、五色鹦鹉。其南界三千余里有顿逊国,在海崎上，地方千里，城去海十里，有五王，并羁属扶南。顿逊之东界通交州，其西界接天竺（即印度）、安息徼外诸国，往还交市。……其市，东西交会，日有万余人，珍物宝货，无所不有。”这是说扶南国地当西南海上要冲，往来贸易，必经其地。这个商业市场，东西交会，每日有万余人。各种珍贵宝物，无所不有。下面又说当地“有酒树，似安石榴，采其花汁停瓮中，数日成酒”，大概即以椰汁为酒。

又说“顿逊之外，大海洲中，又有毗骞国，去扶南八千里。传其王身长丈二，颈长三尺，自古来不死，莫知其年”，他能知国中过去未来，善恶因果，“南方号曰‘长颈王’”。“王亦能作天竺书，书可三千言，说其宿命所由，与佛经相似，并论善事。”从这个传说中，说毗骞国国王丈二金身，永远不死，能作梵书，颇似佛经。可见浸染佛教文化，业已更深。

传中还说这个国家杀罪人食其肉，不容纳往来的商人，若有来的，也就杀而食之，可见食人的蛮俗，还未尽扫。

吴（222—280）时中郎康泰、宣化从事朱应来时，国人尤为裸体。唯妇人着贯头，泰、应说是亵露可怪，从此始着纱笼横幅，渐进文明。晋武帝太康（280—289）中，遣使贡献。

穆帝升平元年（357）王竺旃檀奉表献驯象。其后印度婆罗门憍陈如·阇耶跋摩为王，改其制度，用印度法。憍陈如死，后王持梨陀跋摩、阇耶跋摩遣使贡献。天监二年（503）七月，“阇耶跋摩复遣使送珊瑚、佛像，并献方物。”天监三年（504）五月，中国封其为安南将军、扶南王，以宠荣之。“其国人皆丑黑，拳发，所居不穿井，数十家共一引汲之。俗事天神，天神以铜为像，二面者四臂，四面者八臂。手各有所持，或小儿，或鸟兽，或日月”，这即印度教的湿婆（Shiva）神像。“其王出入乘象，嫔侍亦然。王坐则偏踞翘膝，垂左膝至地，以白叠敷前，设金盆香炉于其上。”这个记载说明人民的生活是低下的、贫乏的，而上层却过着神样的生活。崇奉的是佛教与婆罗门教相并行的宗教。二面四臂、四面八臂的神像，当时由南海传入中国。

天监十年（511）、天监十三年（514）跋摩屡次遣使贡献，他死后，庶子律陀罗跋摩（Rudravarman）杀其嫡弟自立。天监十六年（517）遣使奉表贡献。天监十八年（519）复遣使送天竺旃檀瑞像、娑罗（śāla）树叶，并献火齐珠，郁金（curcuma）、苏合（storax）等香。普通元年（520）、中大通二年（530）、大同元年（535）累遣使献方物。五年（539）复遣使献生犀。又言其国有佛发，长一丈二尺，命沙门昙宝[1]

[1] 原作云宝，据伯希和《扶南考》酌改。

随使往迎之。自律陀罗跋摩以后，中国史书，不载扶南王名，曾言真腊王质多斯那兼扶南而有之。

扶南因受侵迫而南迁，终于澌灭。按真腊古碑刻文，兼并扶南者，应自质多斯那之兄拔婆跋摩开始①，兄死而弟继之。质多斯那死后，子伊奢那先代立，曾入贡于隋（616—617）。扶南古国既灭，真腊（即柬埔寨）代之而起。但隋唐时代，扶南音乐，犹列于宫廷。隋开皇初年（581），总为七部乐，七部之外，尚有扶南等乐，扶南的凤首箜篌，也特受重视。唐武德初（618），设九部乐，以扶南乐代天竺乐，扶南乐受天竺乐的影响，本为同系，《唐会要》说，隋炀帝平林邑国，获扶南工人及其匏琴，朴陋不可用，但以天竺乐转写其声。《旧唐书·音乐志》也说："扶南乐，舞二人，朝霞行缠，赤皮靴。"隋世全用天竺乐。今其存者，有羯鼓、都昙鼓、毛员鼓、箫、笛、筚篥、铜拔、贝等器。用的是印度乐器，作为代替品了。

与扶南、真腊相邻的林邑，在半岛的东南部，古名占婆。中国史籍名其国为林邑、为环王、为占城。说是四时皆夏，草木常青，不识冰雪，四时皆食生菜。有粳米、粟、豆、麻、

① 前引书补正。

莲、甘蔗、香蕉、椰子，以槟榔汁为酒，椰叶为席。“国产桑棉，棉名吉贝。其华成时如鹅毳，抽其绪纺之以作布，洁白与纻布不殊，亦可染成五色，织为斑布也。”这是《梁书》的记载。对于中国，当时棉花还是新的事物。其深山密林中，产沉香、乌樠木、苏木、白藤、黄蜡（见《宋史》）。“沉木者，土人砍斫之，积以岁年，朽烂而心节独在。置水中则沉，故名曰沉香。”（见《梁书》）又有银、铁、宝石。唐高祖李渊时，“其王范头黎遣使献火珠，大如鸡卵，圆白皎洁，状如水精。”又产琥珀、琉璃、珊瑚、犀角。林中产鹦鹉，631年进贡于唐，李百药曾为之赋。占人善航海，以渔为生。这都是见于各书记载的。

《隋书》说：占人深目高鼻，发拳色黑。男女皆以横幅吉贝绕腰以下，叫作“干缦”，也叫“都缦”，贵者着革履，贱者跣行（赤脚）。穿耳贯小镮。爱沐浴清洁，以麝香涂身。

占人信奉印度教，崇拜湿婆林伽（Shivalinga）及婆伽瓦蒂（Bhagavati），与其原有的女神杨浦那伽罗（Yan Pu Nagara）混而为一。对于佛教兼信大小乘。证以圆形浮雕及佛像，属于大乘。但义净《南海寄归内法传》卷一说：“南至占婆，即是临邑。此国多是正量（即小乘正量部），少兼有部（即小乘有部）。”今南海诸国信奉佛教者多是小乘。占人以印度教与佛教同受信仰，在这一地带也是不足为奇的。至于占婆亡后，其人迁徙柬埔寨及越南的又奉回教，那是后来的情况。回教输入占婆，约在宋时，与马来人盛行回教，很有关系。

占婆的原始社会，也是贵女贱男。自受印度文化影响，遂依印度制度，立四种姓，王位父死子继，行多妻制，以嫡子为贵，转入男系社会。当其部落时代，有一传说故事。说是“占婆王宫附近，有一槟榔树，结果甚大，至期不开。国王命奴取此果下，国王破果，其中有一婴儿，形貌甚美，遂命名为罗阇浦克龙，命人乳哺之，婴儿不食。时国王有一五色牝牛，命取牛乳哺之，婴儿乃食。是以占婆之人，不杀不食牝牛。浦克龙长大，乃妻国王之女，继王其国。建一大城，于彼七陵之上，因名城为波耳（Bal）”。

又有一传说故事，颇相类似。唯以椰子，易之槟榔。此为占婆两大部落神话起源。此二部落，时相战争，时相联姻。槟榔部落，主管南方宾童龙（Panduranga），椰子部落，主管北方。两部分立，与国相始终。

自染印度风习，王之内宫，有后妃、嫔妇、歌女、舞女甚众。王死以妇女从殉，亦如印度古制。《马可·波罗游记》写道：“游此国时，王有子女三百二十六人，其成人可执兵器者百五十人。”“国中女子，王未见者，不能适人。王欲之即以为妇，否则给资嫁之。”王戴圆金冠，身被黑色或绿色锦衣，系以金花璎珞，足蹑革履，时服锦袍。项胸指腕，皆有宝饰。《宋史》卷四百八十九说，占城使至中国，言“所治聚落一百五，大略如州县。王年三十六岁。着大食锦或川法锦大衫、七条金璎珞，戴七宝装成金冠，蹑红皮履，出则从者五百人，十妇人执金柈，合贮槟榔，导以乐”。此为1076年的事。

至1080年其王诃梨跋摩三世死，妇女投海以殉者十四人。从这些过去的记录看，很像一个大奴隶主统治的国家。《水经注》卷三十六引《林邑记》说：“秦余徙民，染同夷化，日南旧风，变易俱尽。巢栖树宿，负郭接山，榛棘蒲薄，腾林拂云。幽烟冥缅，非生人所安。”又说：“松原以西，鸟兽驯良，不知畏弓，寡妇孤居，散发至老，南移之岭，崒不逾仞，仓庚怀春于其北，翡翠熙景乎其南。虽嘤讙接响，城隔殊非，独步难游，俗姓涂分故也。”这样把王城的穷奢极欲，与山林的苦寂穷荒，做一对比。这片富饶的土地，还是蛮习未除。两个部落也不能合作。到隋代占婆灭亡，与中国高度发达的文化相接触，社会始有较大的进步。

自秦汉时起，中国文化向南方扩展，以交趾、日南为分界。过此即遇到另一个文化的领域。林邑、扶南、真腊的势力迭相消长，皆与中国有长久的国交。中国文化与印度文化相接触，这三个国家可说是第一站，因此略为介绍。他们所受印度古文化的影响，都比较深，印度的佛教与婆罗门教，都曾传播到此。印僧来中国的，由南海航行，应由扶南、林邑，而达交州、广州。由中国交州、广州入印的，也是沿着这里的海岸航行。晋代的高僧法显与唐代的高僧义净，由南海乘商舶东归，曾为这一条海上丝路，留下可贵的著述。法显《佛国记》、义净《南海寄归内法传》都是世界学者所重视的典籍。法显、义净海外求经与玄奘西行、鉴真东渡，共辉煌于国际。这些佛教高僧的虔诚信念与海上商旅的冒险精神，实为海上丝路的开辟走出了很早的一步。丝绸、珍宝、药材、香料、珍禽、奇兽、名花、异卉、嘉果、宝树、雕刻、绘画、音乐、歌舞等等，都随着先驱者的足迹，互相传播。中国是古代文明的创造者之一，为世界古代文明，做出了主要贡献。有不少西南海上的民族，在中古时期，还处在原始社会状态。但是一经与中国高度发达的文化相接触，便很快地前进。海上丝路使东西方很多的宝贵知识得以交流，我们将进一步加以阐述。

二、向大海彼岸表达虔诚

西南海上丝路的展开，商人与僧侣，实为先导。商人逐利，虽历惊涛骇浪，也无所不往。僧侣以对宗教的虔诚，跋涉万里，敢舍身命，以求达其愿望。商旅来往海上，不知始于何时；若佛教的传入，则相传始于汉明帝永明年间——有永明三年（60）、十年（67）、十三年（70）诸说，均在1世纪时。以前张骞奉汉武之命，出使月氏（公元前122）已知有身毒（即印度），又见邛杖、蜀布（蜀中以产丝织蜀锦著名），这种商品之传入月氏，早于佛教之传入中国约二百年。它是从哪条道路传到月氏的，现在尚无可考。不过商品的流通，较佛教为早，这大概是可能的。汉明帝之派遣使者，寻访佛法，与以前秦皇汉武派人去海上求仙，以求长生福祐，大约有同样的希冀心理。其后宗教被作为一种统治的工具，则是另一用途，历世很久。

其初佛教徒的来往，多由中央亚细亚的陆路。汉时东来译经的有僧俗十人，其中印度人四、安息人二、月氏人二、康居人二，都是由北路东来，尚无汉僧西去。据《后汉书》卷八十八说：“世传明帝梦见金人，长大，顶有光明。以问群臣，或曰：‘西方有神，名曰佛，其形长丈六尺而黄金色。’帝于是遣使天竺，问佛道法，遂于中国图画形象焉。”晋袁宏《后汉纪》的记载与此略同。又《佛祖统纪》等书也记其事。传蔡愔于明帝永平初遣赴大月氏，至永平十一年（68年，一说永平九年）偕沙门迦叶摩腾、竺法兰东还洛阳，当时以白马驮经及白毡裹释迦立像，因在洛阳城西雍关外建立白马寺，并在寺中壁上作千乘万骑三匝绕塔图。《魏书·释老志》说：“自洛中构白马寺，盛饰佛图，画迹甚妙，为四方式。”又说：“明帝令画工图佛像，置清凉台及显节陵上。”这是中国最初自作的佛教画，可惜已随古建筑而毁灭了。据此则造像、画佛、造塔的图样，最初都是从印度传来的。

以前梁任公先生认为《四十二章经》非汉人所译，并疑迦叶摩腾、竺法兰两人并不存在。据冯承钧氏的研究，佛经作伪者，尚不止此，如《正法念处经》其第七品中之阎浮提（Jambudvīpa）志，即转录印度史诗《罗摩衍那（Rāmāyaṇa）》的文字，决非佛说。但元魏时的译者波罗奈（Vārā nasī）婆罗门波若流支（Prajñāruci）还是真有其人的。不过由汉至三国时，译经者多为印度及中央亚细亚人。佛法先传播于安息、月氏、康居、龟兹等地，即由这些国人转译而来汉地。有的同是一书，内容详略不同，文风也不同，它所从来的语言也不同。因此东晋的法显，唐代的玄奘、义净等，决志西游，寻求佛法，希望得到梵本，加以订正，也已疑心过去的译本难免讹误，发愿加以重译了。

据冯承钧氏所著《历代求法翻经录》，自汉至唐，凡有翻经述作者，共二百人。其由中国赴印度途经南海者，以法显为首。法显常叹经律缺误，誓志寻术，公元399年，与同学慧景、道整、慧应、慧嵬等同往印度，由陆路经中亚，过张掖，与智严、僧绍、宝云、僧景等相遇，同行到敦煌。法显等五人先行，智严等后至，共到焉夷国（即今焉耆）。法显等五人，度葱岭，到北印度，过犍陀卫国（Gandhavatī）、竺刹尸罗国（Takṣaśilā，Taxila）、迦腻色迦（Kanishka）、起塔之、弗楼沙国（Puruṣapura）。宝云、僧景二人自此还。

慧景、道整、法显共三人，南度小雪山，慧景道卒，由是法显、道整再进，观礼诸佛迹。法显本求戒律，而北天竺诸国，皆师师口传，无本可写，于是到中印度，在巴连弗邑（Pāṭaliputra，今巴特那）摩诃衍（Mahāyāna）僧伽蓝（Saṃghārama），得摩诃僧祇（Mahāsāṃghika）（即大众部）律一部，复得一部抄律，有七千偈，是萨婆多（Sarvāstivāda）（即说一切有部）律。复得其他经卷。

法显住巴连弗邑三年，学梵语梵书，道整留此不归。法显欲令戒律流通汉地，于是独还。顺恒河东下。历瞻波国（Campā）到多摩梨帝国（Tāmralipti），住此二年，写经画像。附商舶泛海至师子国（Ceylon，今斯里兰卡），又住此国二年。得其他律藏长阿含、杂阿含及杂藏（Ksudraka Agama）（即小阿含）一部，皆是我国所无者。再载商人大舶。东下二日，便值大风，船漏水入，如是昼夜十三，到一岛边，补塞漏船。于是复前九十日许，乃到耶婆提国（Yavadvīpa，即爪哇），停此五月，复随其他商人大舶，以四月十六日发，东北趋广州，行一月余，遇黑风暴雨，诸商人归罪于显，议置之海边，得施主的抗救幸免。经七十余日，始西行求岸，又经十二日，至七月十四日，漂抵长广郡不其县牢山南岸［牢山在今青岛，《魏书》作劳山，属不其（音基）县］，这个南海行程，作一结束。

法显俗姓龚，平阳武阳人，于399年首途，由陆路往，由海路返，经历诸国，前后凡十五年，以宗教的虔诚，成此伟大的壮举。在我国航行这条海上丝路有记录可考者，佛僧中当推法显为第一。其所携回的经律佛像，身历的佛教史迹，刊之后世，确实可信。我于1945年赴印度，住圣蒂尼克坦（Santiniketan）讲学，1956年夏旅行中印各地，曾于诸史迹，一一考察，并携显师《佛国记》。于王舍城灵鹫山七叶洞显师逢黑狮子处，亲见此兽，跳跃而来，可证前哲一无妄语。至其海途所经，险遭不测，气象暴变，几至覆舟，彼时艰险，或逾陆路。前贤开此新道，后之继者，因以日多。但中国赴印僧人，由大海而西者，多在玄奘法师西行之后。玄奘往返，皆遵陆路。由南海航行者，据冯承钧氏《历代求法翻经录》所辑，有下列诸人：

常愍 并州人。出家以后，愿写般若万卷。赴西方瞻礼佛迹。南游江南，写经既毕，遂至海滨，附海舶南去，往诃陵国。从此附舶，往末罗瑜国（Malayu），复从此国欲到中天竺，然所附商舶载物既重，解缆未远，忽起大波，不经半日，遂便沉没。当没之时，商人争上小舶，互相战斗。其舶主既有信心，高声唱言：师来上舶！常愍说："可载余人，我不去也。"轻生为人，顺菩提心，亡己济人，即大士行。于是合掌向西方，称弥陀佛，念念之时，舶沉身没，声尽而终。年只五十余，有弟子一人，号啕悲泣，亦念西方，与之俱没。常愍与其弟子，有虔诚信念、伟大行为，不幸中道死去。

义朗 益州成都人。与同州僧智岸，弟义玄，共至乌雷（交广间地），同附商舶过扶南，暂泊郎伽戍（Langkasuka，在马来半岛北部东岸），蒙其王待如上宾，智岸遇疾死于此。义朗与弟，附舶向师子国，顶礼佛牙，渐往西国，不知所终。

会宁 益州成都人，于664年或665年赴南海，泛舶至诃陵州，停住三载，释如来涅槃焚身之事，令小僧运期，送还交州。后不知所终。

运期 交州人。往返南海，十有余年。善昆仑语（即古爪哇语），颇知梵语。后归俗，住室利佛逝国。后义净经其地时，此人尚在，年已四十。

木叉提婆（Mokṣadeva，解脱天） 交州人，泛舶南海，经游诸国。遍礼佛迹，死于中印，年仅二十四五。

窥冲 交州人，明远弟子。与明远同舶泛南海，到师子国，向西印度，巡礼菩提树，王舍城，在竹园（竹林精舍）患病死，年约三十。

慧琰 交州人，智行弟子，随师到僧诃罗国（即师子国）。留住彼国，不知所终。

智行 爱州人。泛南海，赴西印礼佛，住信者寺，死于此，年三十五。

大乘灯 爱州人。幼随父母泛舶往堕罗钵底国（Dvāravatī，即泰国湄南河流域），方始出家，后随唐使入京，于慈恩寺玄奘法师处受戒。居数载，更往印度，到师子国观礼佛牙，复往东印，于多摩梨帝国住十二年，颇娴梵语，诵缘（Avadāna）生（Jātaka）等经。与义净相随去，中印度。先到那烂陀（Nālandā），次向金刚座（Bōdh Gayā，佛陀伽耶），又过薜舍离（Vaisali），后到俱尸国，与无行同游此地。后殁于俱尸城般涅槃寺，年六十余。

彼岸、智岸　并是高昌人。少长于京师，与使人王玄策（《大唐西域求法高僧传》作玄廓，依冯氏说校改）相随，泛舶海中，遇疾俱卒。

昙润　洛阳人。南行达交趾。泛舶向西印度。至诃陵北渤盆国（即爪哇北之Madura）遇疾而终，年仅三十。

义辉　洛阳人。欲观梵本，向中印度，到郎伽戍国，病殁，年三十余。

慧轮　新罗人，自本国出家，来长安，随玄照西行，以充侍者。既到印度，居庵摩罗跋国，在信者寺。住十年。慧轮善梵言，能通《俱舍论》，后不知所终。

道琳　荆州江陵人。远游西国，鼓舶南溟。越铜柱（湘西）而届郎迦（郎伽戍），历诃陵而经裸国。到东印度多摩梨帝国。住三年，学梵语，学习《说一切有部律》。至中印度菩提场、那烂陀、灵鹫山，又游南印、西印。义净南返，至南海羯荼国，曾闻其人，年已五十余。

昙光　荆州江陵人。往游南海，望礼西天，至东印度诃利鸡罗国（Harikela），后不知所终。《大唐西域求法高僧传》又载义净于诃利鸡罗国，闻有一唐僧，年五十余，得国王敬重，主持一寺，终于此国，不知是否一人。

慧命　荆州江陵人，泛舶西游，行至占婆（Campā）遭风。屡遇艰苦，遂返。

善行　晋州人，义净弟子。随师至室利佛逝国，怀乡染病，遂返，年约四十。

灵运　襄阳人。与僧哲同游西国，极善梵语。所到之处，君王礼敬。遂于那烂陀画慈氏（Maitreya）真容、菩提树像，赍以归唐。

僧哲　澧州人，泛舶西域，巡礼印度各地，归东印度，到三摩呾吒国（Samataṭa），国王罗阇跋吒（Rājabhaṭa），信佛礼僧，僧哲住此，尤蒙优遇。义净来时，闻其尚在，年可四十许。其弟子玄游，高丽国人，随师于师子国出家。

智弘　洛阳人，为出使西域大使王玄策之侄。欲赴西天，与无行为伴，至合浦升舶，逆风，复返交州，过夏至冬末，复往海滨，随舶南游。到室利佛逝国，去东印度，与无行相伴，到大觉寺。经住二载，习声论、能梵书，于那烂陀寺学大乘，又在信者寺专攻小乘，在中印度近八年，后去北印，与道琳为伴，不知止于何所。

无行 荆州江陵人。与智弘为伴，东风泛舶，一月到室利佛逝国。国王特加厚礼。后乘王舶，经十五日达末罗瑜州，又十五日到羯荼（在马来半岛西岸槟榔屿之北，今之吉打古城），至冬末转舶西行，经三十日到那伽钵亶那（Nāgapatana），从此泛海二日到师子国，观礼佛牙。从师子国复东北泛舶一月到诃利鸡罗国。停住一年，常与智弘相随。去大觉寺，后住那烂陀，复往羝罗荼寺，有暇即译述如来涅槃之事经文二卷，寄归唐土。方及北印，不幸而卒。义净在印，曾从那烂陀相送，约在685年时，时年五十六。

法振 荆州人，与同州僧乘悟、梁州僧乘如乘舶至诃陵，巡历诸岛，渐至羯荼，不久法振遇疾卒，年可三十五六。其他二人，附舶东归，至林邑，乘悟又卒，独乘如得还。

大津 澧州人，683年去南海，独赍经像，追随唐使，泛舶月余，到室利佛逝国，停此多年，解昆仑语，颇习梵文。后义净归自印度，亦住于此，遣大津归唐清建佛寺。遂于691年农历五月十五日附舶返，并送归义净新译杂经论十卷、《南海寄归内法传》四卷、《西域求法高僧传》两卷。

义净 字文明，姓张氏，范阳人，635年生。幼年辞亲落发，遍询名师，广学群籍，兼攻内外，博通今古。年十五，仰慕法显、玄奘，立志西游，未能即去。年三十七（671），方始首途。初至番禺（广州）得数十人，及将登舶，余皆退。义净乃于是年十一月，独附波斯舶，未隔两旬，至于佛逝（Sri Vijaya），经停六月，后王赠舶往末罗瑜（今改为室利佛逝），复停两月，转向羯荼。至672年农历十二月，还归王舶。渐向东天，从羯荼北行十余日，至裸人国。从此更半月余，望西北行，遂达多摩梨帝国（即东印度南界）。此去摩诃菩提及那烂陀可六十余驿。在此初与大乘灯相见。留住一载，学梵语，习声论，674年又与大乘灯同行。取正西路，到中印度。去摩诃菩提途中，染病留后，山行遇贼，几丧命。至夜两更，方得同伴。从此北行，先到那烂陀，次上耆阇崛（Gṛdhrakūṭa，灵鹫山），后住大觉寺，遍礼佛迹。住那烂陀寺十年求经，方欲东归故国。还至耽摩立底，未至之间，又遇劫贼。于此升舶，遇羯荼国，而抵佛逝。义净于佛逝江口，升舶附书，去信广州，求墨纸抄写梵经，并雇书手。689年，到达广州。是年十一月，复偕贞固等四人重至佛逝，取回梵本，于695年仲夏，还至洛阳。在外二十五年，经历三十余国，得梵本经律论近四百部，合五十万颂。唐译可成千卷。义净初与于阗三藏实叉难陀翻华严经，久视（则天年号，

700）之后，乃自专译。700—711年，计翻出五十六部二百三十卷。《根本说一切有部毗奈耶》约居泰半。律藏大备，义净之力。又别撰《大唐西域求法高僧传》《南海寄归内法传》等五部九卷。又《说一切有部跋窣堵（Vastu）》得七八十卷。东僧往西，学梵书，尽解佛意者，玄奘而后，唯有义净。翻译佛教经律，可与玄奘相等。卒于713年，世寿七十九。义净与玄奘，皆精于梵文，勤于撰述，故成就最大。

贞固　郑地荥川人，俗姓孟，十四岁出家，有志向师子国顶礼佛牙，观诸圣迹。垂拱（则天年号，685—688）年间到广州。689年农历七月二十日，义净还至广州，所得梵本，仍在佛逝，终须复往，时年五十五，重渡沧波。众云有僧贞固，久研律藏，义净邀约，固允偕行，即于其年十一月一日附商舶，离广州而至佛逝，后与义净同还广府，未终三载，染病身亡。

贞固弟子　俗姓孟，名怀业。祖父本北地人，因官遂居广府。随师共至佛逝。能通骨仑语（即昆仑语），学梵书，以供翻译。时年十七。怀恋佛逝，居留不返。

道宏　汴州雍丘人，随父出家，往来广府，颇工草隶，二十二岁随义净、贞固等共至佛逝，专心律藏，随译随写。复随义净、贞固，俱还广府。

法朗　襄州襄阳人，俗姓安，童年出家，游岭南。义净至番禺，竟相随，未一月，至佛逝。时年二十四岁，学经三载，梵汉渐通。为义净抄写译经，颇感疲劳。辞去乞食自济。往诃陵国，在彼过夏，染疾而卒。

慧日 俗姓辛。684年为僧，后遇义净，心常羡慕，发誓往西域，泛舶渡海，经昆仑、佛逝、师子国等，乃达印度，瞻礼佛迹，寻求梵本，访求名师。一十三年，复还故国。孤身跋涉，雪岭胡乡，又逾四载。计行七十余国，共一十八年，方到长安。

鉴真 扬州江阳（《唐书·地理志》有江都无江阳）县人，俗姓淳于，688年生，十四岁于扬州出家，708年到长安受戒，巡游两京，究学三藏，后归淮南，教授戒律。733年，日本沙门荣叡、普照等，随使臣至唐留学。唐国诸寺三藏大德，皆以戒律为入道之正门，若有不持戒者，不齿于僧中。于是方知其国无传戒人。乃请东都大福先寺沙门道璿律师，附副使之舶，先向日本传戒。荣叡、普照留学于唐，已经十年。不待使至，而欲早归，与日本同学僧玄朗、玄法二人至扬州（742年冬十月）。时鉴真在扬州大明寺讲律，荣叡、普照至大明寺，具述本意。鉴真问众僧，谁有应此远向日本传法者？时众默然，无一对者。鉴真以诸人不去，自愿东行。祥彦等二十一人请从。乃如东河造船（时在743年）。当时海贼大动，海路闭塞，公私断行。荣叡、普照秘与鉴真于此年十二月举航东行，到狼沟浦遭风船破，修治毕，舟落石上又破。明州太守安置诸僧于鄮县阿育王寺。744年，越州龙兴寺僧请鉴真讲律。更有杭、湖、宣等州并来延请，鉴真依次巡游，潜遣人往福州买船，欲向温州，为官追还。748年春，回至扬州，鉴真更与叡、照二人造舟，于六月二十七日发自扬州新河。至冬十二月，为风漂至振州，为大使留住，讲律度人，旋附舶溯江至桂州，后由桂州下江，次至端州，荣叡奄化（病故），及至广州，太守卢焕迎居大云寺。广州有婆罗门寺三所，并梵僧居住。江中有婆罗门、波斯、昆仑等舶，载香药珍宝，积载如山。师子国、大石（大食）国、骨唐国、白蛮、赤蛮等，往来居住。750年，鉴真辞普照北行，取道浔州，还至江都。753年农历十月十五日，日本国使至扬州，延鉴真向日本传戒。扬州道俗，闻鉴真欲去，防护甚固，不愿其去。鉴真于此年冬十月二十九日，潜赴江头，乘船下驶。当时随行者僧法进等十四人，尼智首等三人，扬州优婆塞潘仙童，胡国人安如宝，昆仑国人军法力，瞻婆国（即占婆）人善听等，总二十四人。十一月十日，日本副使窃招鉴真及众僧入己舟。十三日普照亦至，十五日四舟同发。754年农历二月四日，鉴真至西京，沿途有唐僧崇道、道璿弟子善淡等三十余人，迎来礼谒。至京，日皇亦敕使迎接慰劳，引入东大寺安置。五日唐道璿律师、婆罗门菩提僧正亦来慰问。宰相以下百余人来，礼拜问讯。日皇敕使口诏：自今以后，受戒传律，一任大和尚。鉴真自743年始，五度装束，渡海艰辛，虽被漂回，弘愿不退，至第六度抵日本。唯有鉴真、日本僧普照、天台僧思托，始终六度，经过十二年，遂果本愿。鉴真至763年五月，卒于日本，年七十七［详见日本元开（淡海三船）撰《唐大和上东征传》］。

以上佛教僧人三十余人，以晋代的法显最早由南海归航。其他自常愍以下，皆是唐代佛教僧人，皆来往于海上。有些人死于海上的风涛；有些人染上了热带的病患，大愿未成，早年逝去；有些人眷恋佛土，一去不归。但他们敢于在这条海洋的旅程上，冒险远游，这是宗教的虔诚支持他们的献身精神。不论成就大小，都是受人尊敬的。这中间法显、玄奘、义净、鉴真等有杰出的贡献。特别是鉴真东渡，带去了“玉作人、画师、雕檀、刻镂、铸写、绡师、修文、镌碑等工手”近百人。围绕着宗教活动，他和他的弟子们对日本天平文化在汉文学、医学、雕塑、绘画、建筑等方面都做出了杰出的贡献。

中国和日本在文化上有极密切的关系，在艺术的诸领域，都有显著的表现，特别是在8世纪的奈良时代，中国的艺术技法、样式和美术制成品，大量传进了日本，致使日本美术与中国美术结成了兄弟般的血缘关系，在东方具有相类的风格。虽然中日两国各有其民族的特点，但却有不少共同之处。在中日文化交流史上，起了很大作用的是当时的佛教与佛教艺术。鉴真大和尚经东海上的丝绸之路把盛唐文化大规模地传向了日本。鉴真东渡的事迹，成为中日友好史上的一段佳话，一直流传至今。

我们再看一看南海丝路上我国和各国的交往，也是在唐代开始频繁起来的。从印度来的佛教僧人，带来了印度的文化艺术，从中国去的佛教僧人，也传播了中国的文化艺术。单是从吸收的这方面看，文化、艺术随着宗教以俱来，其成果也是丰硕的。不单是佛教，另外还有东罗马的景教，波斯的祆教（拜火教）、摩尼教，阿拉伯的伊斯兰教等。由这些宗教的传播，可以看到南海上的海程，已经通到东罗马、北非和阿拉伯了。而且来到广州、泉州、扬州等地的西方商人，已经不少。义净自广州西行，所附的是波斯商舶。鉴真在广州，见有婆罗门寺三所，并梵僧居住，江中有婆罗门、波斯、昆仑等舶，并载香药珍宝。师子国、大食国、骨唐国、白蛮、赤蛮等往来居住，种类极多。《旧唐书》卷十说，758年，大食国、波斯国兵众攻城。可见当时外国商人，在广州者颇众。泉州外国胡商，往来频繁，至今遗留不少阿拉伯文碑碣。扬州居留外国人应亦颇多。史载庞勋之乱，杀大食、波斯胡人甚众。我国古代，海运商舶远及欧洲，中华文化对西方不断传播。举其大者，如造纸术、印刷术、罗盘针以及火药、炼钢术等传自中国，皆为世人所熟知。这些发明，对欧洲文化的发展，有着非常重要的贡献。

三、艺术的风格永结友谊

中国雕塑艺术，在汉代，似与西亚、北非已有关系。例如狮子猛兽，产于非洲，但在汉代石刻中已有狮子。如山东武氏祠、四川雅安高颐阙以及河北邺镇铜雀台等，都有石雕狮子，存至现在，较晚的海兽葡萄镜，标明狮子是海兽，就更说明了它的来历。虽则中国石雕狮子，与原来的生态颇有距离。在印度阿育王石柱及桑奇大塔，均有狮子的造型，而且雕塑艺术，业已达到很高的技巧。

至于雕塑佛像，却是从印度传来的。相传自汉明帝时，即已开始传来了经像。在印度的原始佛教时期，本来不雕佛像。建立窣堵波（Stūpa，塔、坟）以藏佛舍利（佛骨），作为崇拜的对象，这是其最原始的形态。

关于印度的佛教美术，现遗存者，如第一期的佛陀迦耶、第二期的巴尔胡特（Bharhut）、桑奇（Sanchi）都无佛像，只有佛座和佛的足迹（荫蔽佛座的有树与蛇，这与印度原始信仰拜树拜蛇有关），以表示佛的存在。到第三期的阿马拉瓦蒂（Amravati）雕刻了佛像与佛足迹，两者同时存在。到第四期的阿旃陀（Ajanta）、犍陀罗（Gandhāra），有佛像而无佛足迹，并刻佛传，佛像有进一步的成就。犍陀罗为中国敦煌移民月氏人所建国，取希腊所遗文化而光大之。故月氏佛教美术，独具特色，佛像有类希腊神像。

希腊文化之入印度，开始于塞琉古王朝。在大夏安息的希腊诸侯，叛乱自立。大夏弥兰王势力较强，进入北印，都于奢羯罗。公元前140年，在中国西部敦煌的月氏族，被匈奴所逐西迁。到汉武元朔二至四年（公元前127—前125），月氏族势力渐盛。1世纪，月氏成立贵霜王朝，继续占领西南高附，东南罽宾，以及整个犍陀罗。其地当丝绸之路商业要冲，财力雄厚，贸易常用金币。贵霜王第三代迦腻色迦王，信仰佛教，建佛塔与佛寺（伽蓝），所造货币上，有佛坐像和立像，用希腊文字，题为佛陀。这是犍陀罗所造佛像之始。其王雄才大略，利用佛教，向外扩张，当其与印王战，胜利媾和之时，曾向印王索取佛钵及辩才比丘。佛钵以示传法正统，辩才比丘马鸣用以号召四方。他建塔立寺，第四次结集佛经，始以钢版刊刻文字，大乘佛教开始发展。释迦牟尼创始佛教，原是反对婆罗门教的种姓制度，以及推行他的理想。但是迦腻色迦王却把他神化，造像礼拜，借以扩张自己的力量。佛教经像，传于中土，即自大月氏得来。从犍陀罗回到大月氏人的故乡，首达中国西疆。因而中国西部佛教艺术，以于阗、龟兹所保存者为最多。今存者有拜城县克孜尔明屋壁画，绘有佛传及佛本生故事。库车县库木吐喇千佛洞，森木塞姆的千佛洞等，皆沿丝绸之路雕造。东来而至甘肃者，有敦煌鸣沙山莫高窟、永靖炳灵寺石窟、天水麦积山石窟、安西榆林石窟、山西大同云冈石窟、河南洛阳龙门石窟、天龙山石窟、四川广元石窟、大足石窟，以及江南摄山石窟等。石窟之数，不可胜计。

全国造像、碑、幢之类，历世残毁颇多，今所保存，尤为世界之冠。西部敦煌、云冈，佛教艺术驰名世界。至于朝鲜、日本等地，其始皆学于中国，可以不论。就是印度所传佛教经像艺术，也在9世纪后，为印度教人、回教人所毁，几于澌灭，赖中国所存经像，较为丰富，才保持至今。我国佛教艺术品虽曾经殖民者的盗取，又经“文革”，但因我国历史久而地域广，故佛教艺术品，仍随处都可见到。

佛教的造像与画像，自其开始，即无一定的形式，随时代而异，随民族而异。当其传播的时候，或有造像绘画的蓝本，但表现的艺术手法各有不同。如印度犍陀罗的佛像，染有希腊风格。到笈多时代，印度造像艺术家，即有自己的准则，以印度民族中的健壮美丽者为范，与希腊面貌的佛像，大不相同。其由南海向各民族传播的，如印度尼西亚的婆罗浮屠造像，柬埔寨的吴哥造像，以及缅甸、泰国、老挝、越南等国的佛教造像，各随其民族的面貌，都各有不同。而且大乘佛教吸收有婆罗门教的思想，到了南洋各国，佛教与印度教可以并行不悖。这都可以看出佛教本身也不是一成不变的，它时时在变化。在各民族、各地区中，都有显著的不同，而且随着时代随着社会向前发展而演进。

中国在佛教艺术上的成就，无论造像、绘画和建塔等，都是在中国土地上发育成长的。它具有中国的民族风格，塑造的大佛和建筑的佛寺与石窟，都具有中国的民族气派。

在初期西来的道路上，如新疆的克孜尔明屋壁画与敦煌莫高窟北魏壁画，虽曾受西来影响，但同一题材，内容和表现的方法都不同。印度的佛教壁画在阿旃陀石窟中，表现不少娱乐场面，饮酒宴谈，神通游戏，菩萨人物装饰富艳，婉娈多姿，色彩鲜明。即使“降魔变”这样的题材，也布置得如同演剧的场景一样，使人并无畏怖之感。反之，在敦煌北魏壁画中，画出了苦行的故事，如舍身饲虎、强盗挖目等，人生如在地狱中，阴森可怖。大概是由于在当时不断战争的年代中，人民求生无计，得不到快乐的生活的缘故，而且统治者又借宗教来镇压人民，使其心灵上甘于服帖。在线条与色彩上，也是粗犷而强烈的，看不出柔和与可亲的感情，这是当时的宗教为实用主义的工具在美术上的必然反映。

但到隋唐统一的时代，佛教美术就完成了中国化的进程。这个趋势开始于隋唐以前。早在梁代，张僧繇善画佛像，独出心裁，创立了“张家样”，佛像的中国化，从他有了很好的发展。其子善果和儒童，也擅画，并擅佛画，能传其业。善果画《悉达太子纳妃图》《灵嘉寺塔样》；儒童画《释迦会图》《宝积经变图》。在南北朝的后期，张僧繇的影响很大，有不少人学习他的画派。所谓“望其尘躅，有如周孔”。可见声望之隆。他用简练的笔墨，绘画佛像。唐张彦远《历代名画记》说他“笔才一二，而像已应焉。周材取之，今古独立，象人之妙，张得其肉，陆得其骨，顾得其神”。佛教绘画在中国的发展，当隋以前，张僧繇是一个有力的推动者。当时梵僧与汉僧，从南海的航路，传进来佛经与佛像，足资借鉴。

南朝四百八十寺，都在建康，译经的道场，汇聚了不少大德名手，而且社会需要佛教艺术，以崇拜供养，也更促其发展。《历代名画记》中有一个故事说：兴宁中（363）瓦棺寺初建，僧众设会，请著名人士捐款，当时士大夫无过十万的。

到顾恺之立书百万。顾素来清贫，众人以为大言，后寺众请他勾销此数。他说：请备一壁，遂闭户作壁画。过了一月余，所画维摩诘一躯，工毕，将要点睛。乃向寺僧说：第一日观者请施十万，第二日可五万，第三日可随意捐款。及开户，光照一寺，施主拥塞。顷刻得钱百万，从这个故事看起来，社会群众是热爱这佛教壁画的，因此使我们推想到当时许多寺院壁画在南朝发展的盛况。

在北朝，北齐曹仲达佛画颇享盛名。曹氏来自中亚的曹国，带有西域的作风，在中原既久，画艺渐近于中原人民喜爱的风格，创立了“曹家样”，为唐代盛行的四大样式之一。它的特点是衣服紧窄，大约与印度笈多时代的雕刻，有同样的作风，与吴道子结合了中国的传统风格所创立的“吴家样”并称。所谓“曹衣出水，吴带当风”，就是对他们概括的评语。曹画虽失传，但看到鹿野苑所藏释迦立像，衣如沾湿体上，就可想见曹画。吴画表带宽博，飘飘欲仙，在敦煌壁画中，还可找到他的作风。

隋唐时代的壁画，今存于麦积山石窟与敦煌的莫高窟。敦煌所存唐代壁画，尤其丰富。它色彩鲜丽，人物造型端庄华贵，男女的形象，都非常映丽。往往以当时的贵官贵嫔为范。音乐弦管、胡旋、柘枝，都搬到佛前演奏。极乐世界也就是人间的世界。尽态极妍，较之阿旃陀壁画，更或过之。佛前供养人像有诸王贵官，几与佛躯相等。这与其说是为佛教宣传，毋宁说是为当时的上层社会，追求享乐，粉饰藻绘，希望在生前身后，都得到感官上的满足。

敦煌莫高窟有唐代壁画与彩塑的洞窟共207个，可分初、盛、中、晚四期，其重要的洞窟，如初唐的第220窟，造于贞观十六年（642），第335窟，造于垂拱二年（686），第130窟及第172窟，造于开元、天宝年间（8世纪前半）；中唐的第112窟，晚唐的第156窟［此窟为张议潮建造，窟外北壁上有咸通六年（865）所写的莫高窟画记］等，都存有辉煌灿烂的作品，可为唐代佛教美术的代表。这些洞窟壁画，虽则出于无名画家之手，但是研究它的作风，应该与吴道子、阎立本诸大家的作品是相一致的。例如壁画中的维摩诘经变，在座前的听众，有诸王贵官，与现存的阎立本《帝王图》相似，由此可以推知这些图像应有共同的画法，且为当时的规范。

这些壁画的内容，表现的题材是佛经经变故事、净土变相以及佛菩萨像等。唐代佛画内容较之过去更丰富，色彩也比较绚烂，表现的境界也更扩大。唐代最流行的是佛教净土宗，因此净土变相在壁画中表现得最多，约占228壁。其他如药师净土变相、报恩经变相等，也往往采取净土变相作为主要的部分。

在净土变相中，把极乐世界装饰得非常美丽，其中有七宝楼台、香花伎乐、莲池树鸟，表现出无尽的美景。用富丽的物质现象，去描绘理想的法门境界。其中表现了乐观美满的生活，表现了音乐舞蹈、香花美果等享受的欲望，与出世苦行禁欲的态度，有很大的差异。而且所绘的佛、菩萨、诸天、力士等，都是美丽与健康的化身，对于美和健康的赞赏，和唐代的社会生活、人民的爱好是完全一致的。并且唐代的佛画中，点缀着许多人间社会生活小景，由神的世界走向人的世界，神与人融合为一片，乐观明朗，富有情趣。这些佛画可以说与世俗的情感愿望相结合，因此它深入到一般民间社会中，滋生在群众的心灵里。佛教的宝殿，不单是礼拜的地方，也是娱乐游观的场所，说唱变文，无异于说书。它得到了民间的拥护。为此后开拓了广大的园地，在中国绘画中，也扩大了它的影响。

佛教美术在雕塑方面，也有其伟大的创造。通过南海诸国，由交趾、广州而传来的佛像，曾陈列于建康佛寺中，称为“三宝”之一。南方的佛教雕刻，虽较北方为少，但如摄山石窟与舍利塔，也是驰名遐迩的。北方的通道，经过新疆维吾尔自治区时，遗留有古代龟兹、高昌等洞窟的造像。经过甘肃河西走廊时，遗留有敦煌莫高窟、安西榆林窟、永靖炳灵寺、天水麦积山等石窟造像。再东进而有大同云冈、河南洛阳龙门、山西太原天龙山、河北磁县响堂山、河南巩县石窟寺、山东云门山、江苏连云港、辽宁义县万佛堂等大小石窟造像，蔚为奇观。在四川的广元石窟、大足石窟以及巴中、通江石窟等的造像，分布既广，数目亦多，不能备举。乐山大佛，尤呈伟观。从北魏到隋唐时期，中国的雕塑艺术，在佛教方面，创造了很多伟大的工程。以上所记的各石窟中，亦以北魏隋唐时代的最为精美。其中云冈与龙门的石刻，可为代表。其他全国各寺院中的金铜造像，石刻造像碑，木雕、夹纻干漆造像等，不计其数。梵僧与汉僧，陆续传播，水路与陆路，分途并进，今天已不能一一考证其来路的根源。

佛教对于中国的雕刻与彩塑艺术，留下很大的影响。在北魏时期的石窟造像，或受有外来的影响，但与印度犍陀罗造像与笈多造像，也各有不同的风格。至唐代，民族形式愈益形成，造像妙相庄严，表现了中国人的气魄，达到了前所未有的艺术水平。在甘肃的敦煌与天水麦积山，由于石质是砾岩，不便雕刻，匠心独运，改用彩塑，唐塑在莫高窟中，焕发光彩。江南杨惠之，成为泥塑名家，自后宋元以来，各寺泥塑甚多。此种技法，也是中国佛教艺术所特有的。

关于佛塔的建筑，中国与印度的窣堵波（Stūpa），殊不相似。印度的方坟、圆坟用以藏佛骨或齿发。中国则用各种不同的形式建造。遗存的古塔中，以重阁累积者为多，所谓“塔势如涌出”，则是一致的。中国的佛塔，基层亦藏舍利，上层常用以藏经，且供登眺。唐玄奘所建大慈恩寺有大雁塔，闻当时亦备藏经。学士登临，题名志庆。塔影凌云，塔铃摇风，这在世界古代的高层建筑上，也是别有逸趣的。

四、“亲戚的生命”传播异香

玫瑰花的原产地是中国，中国南北各地，到春来都有野玫瑰开放。经过中国园艺家的细心培养，使它四季开花，品种繁多，颜色鲜丽，因此又名为“月季”。玫瑰花传到古代的师子国（今天的斯里兰卡），约在12世纪以前，古代的僧伽罗人，曾用自己的语言，给中国移来的花朵起了个新的名字——“亲戚的生命”。僧伽罗人民把中国人民自古就视为亲戚。“亲戚的生命”是光辉而美丽的，她繁殖在这个宝岛上，世世代代散布着芬芳。彼此的友谊就像这玫瑰花，年年月月在阳光下展放。在二十年前（1963年1月5日），中国与斯里兰卡的朋友在北京联欢的时候，我曾以《亲戚的生命》为题，在几处报端，发表过如下一首小诗：

红色的月季花，
种子飘过海洋。
远从中国移来，
开放在宝岛上。

玛瑙似的花瓣，
金蕊吐出异香。
翡翠般的叶子，
丛丛迎着太阳。

她是“亲戚的生命”，
照耀着饱满、健康。
灌注永生的泉水，
纯洁、美丽、辉煌。

锡兰是一个宝岛，
海迎的明珠生光。
处处有月季花开，
处处有生命溢扬。

锡兰环绕着大海，
海上的歌声悠扬，
年年有月季花开，
点缀着野色山光。

珍爱“亲戚的生命”，
亲戚在霞彩的东方。
月季花传来的友谊，
彼此间长毋相忘。

我们的玫瑰花，她从东方出发，在碧色的海洋上，在番舶来往的丝绸之路上，凌波而去，向西方，到锡兰，到印度，到天方，到巴黎，到玛雅文化的地方。“亲戚的生命”，到处散布着芬芳，她散布到世界的各个地方。

在欧洲，中国玫瑰花曾在许多国家传播，保加利亚就有一个著名的玫瑰谷，在保加利亚的腹地，长一百多公里。谷中广种玫瑰，这些玫瑰成为制作著名的玫瑰香精的原料。

在18世纪的后期，中国的玫瑰花经由印度传入欧洲，对欧洲上层社会，具有特殊的魅力。无论装饰建筑、文学、绘画中，都有玫瑰花出现。东方人的《古圣经》，提到玫瑰地方据统计约有八处，而英国莎士比亚剧作中，述到玫瑰花的则有六十处，歌德的一首《野玫瑰》已被谱成歌曲，到处传唱。这里应该提及拿破仑的妻子约瑟芬，她对中国玫瑰爱得成癖。在她的宫廷中，广种玫瑰。各国外交使节、园艺大师，为她收集了世界许多名贵品种，以讨她的欢心。但是中国玫瑰驰名英国，19世纪初英法两国正在交战，为了让中国的品种能够由英国传入法国，双方协定暂时休战。中国玫瑰花由英国海军护送渡过英吉利海峡，交给了法国皇后约瑟芬。

约瑟芬为了让她自己的名字与玫瑰同传后世，她决意请人将她收集的珍品描绘下来，精印出版。承担这一使命的是以装帧书籍、绘制插图而闻名的法国画家莱杜特。莱杜特大胆采用水彩技法，在一百六十七块版面上，一共画了二百五十种名贵的玫瑰。1824年精美的彩色铜版画册《玫瑰》终于出版，其时约瑟芬已辞世三年。画册当时总共只印了三十套，如今在古董店里，每一套的标价是十万马克。中国玫瑰花受到世界的珍视，可以说达到非常可夸耀的地位，而中国文化，中国的园艺成就，随着玫瑰花的传播，也驰誉世界[①]。

随着佛教东来的，还有两种最常见的花，一种叫大丽，又叫西番莲；一种叫忍冬，又叫金银花。这是佛教雕刻中常用的

① 参看冯健《芬芳的山谷》，费广铭编《玫瑰今古谈》1983年5月。

花。“大丽”是在印度的本名。它传入中国后，被普遍种植。在唐代的石刻中，常用作回环的图案，所以又叫“缠枝莲”。忍冬在中国也有野生的，不一定是由外国输入的，在北魏隋唐时的佛教雕刻中，常使用为图案，以繁简不同的种种形状出现。因其性好攀附缠绕，故用作回环图案。日本称为唐草图案的，大概就是此种植物。

在唐代，有些花卉或动物，前面冠以海的名称的如海棠、海兽等，这都说明是由海外传入的物产。中国本有棠花，但新传入海棠，非常艳丽，唐代用为工艺美术的图案，如海棠纹镜、海马葡萄纹镜、海兽葡萄纹镜、极乐鸟纹样镜以及各种来自海外的新奇事物的纹镜，都属此类。海兽即狮子的异名，因其来自非洲，视为新奇。但一入图案，便觉温驯可爱，凶猛之气全无了。唐代的长安各陵墓前，多有石雕狮子，以见唐代欢喜接受新的事物，这与“亲戚的生命”，有同样的感情。

在唐代有些标以胡名的东西，多是来自西方。阿拉伯的商人多大胡子，从其形态的特征，故名天方大食诸国人为胡人。广州、泉州、扬州等地，有不少胡商，常来常往，有些已长期定居。唐代的国都长安，也有不少胡商和艺人，这些胡商们，卷发高鼻，紫髯绿眼，运来了海西的珍宝，来换取中国华贵的丝锦，以满足唐官可汗的需求与大食苏丹们的爱好。有些舞蹈艺人，也远来长安献艺，胡腾、胡旋风靡一时。胡姬当垆的酒肆，也为唐代的长安，增添了异国情调。

在花卉果木中，有些虽不以“胡”名，但实际上是移自西南海外，如茉莉、庵没罗这两种都自印度传来。我在印度国际大学任教时，校园道旁，多种茉莉，印度名茉莉伽（梵语 mallikā）。四时有花，富于香气。庵没罗树，叶如合欢，结果大如指顶，中有核，色青黄，食之如橄榄味酸，食后口中余甘，所以又名“余甘”。在我国晋代稽含著的《南方草木状》中，记有庵没罗果。现在昆明每年秋季，有成熟的庵没罗果，叫作青果，据说有丰富的维生素，在印度名庵没罗克，到中国的名称应是译音。在茉莉的同类花卉中，还有一种叫卍字茉莉，花形如卍字，故名。这也是由海外传来的。

石榴又名安石榴，原产于西南亚。这种果树有许多品种。以红花红籽及白花白籽的两种，果实硕大而味甜的最为名贵。段成式《酉阳杂俎》说产于埃及，在阿拉伯国家有果实重至数斤的。这是夸大的说法。我在西安的石榴果林里，作过实地的考察，又在喀什（即古代的疏勒）购到两颗大的。每颗重约斤余，未见有重至五六斤的实物。《古今注》及《酉阳杂俎》又叫石榴为“丹若”。劳费尔（B. Laufer）《中国伊朗编》说：疑是伊朗语的译音，与古波斯语 dānak（小谷粒）、dāna（谷粒、浆果、果核、谷籽或果籽等意），赛纳语的danu（石榴），梵语的dhanika有关。我在新疆实地考察，维吾尔语叫香妃为安娜尔汗，安娜尔汗意即红石榴花，为西疆最美丽的花，许是从粟特语anār-āka或波斯语anār的语源来的。石榴传入中国，以产于西安的最佳。这大概是由唐代移植来的最好的品种。我曾培养过四五种石榴花，有单瓣的，有复瓣的，有百子石榴，结果仅如小沙果大，树不盈尺，可作盆景。有紫石榴，复瓣、能结果如鸡卵，酸不中食。有红色杂黄白色花的，果皆不堪食。各种皆非中国原产，或由人工培养，变异多端，与移植初来的品种，已不同了。

用胡字冠在植物名称上的还有胡桃、胡麻、胡荽、胡蒜、胡葱、胡豆、胡瓜、胡椒、胡萝卜等等。这些植物的原产地，来源不一，大多出于西方，由丝绸之路移植而入中国。

胡桃意即胡地的桃子，在《翻译名义集》这本佛学辞典里，有“播罗师”一词，据劳费尔说：应是Pārasī 的音译，即出产于波斯的桃子，不过果肉不能食，只能食果仁，所以后来就叫核桃。核桃在中国有很多品种，有野生的山核桃；有指顶大的小核桃，叫作楸子，产于东北；还有榛子这类食果仁的山果，产于杭州。不过最好的品种是新疆产的核桃，核壳薄而味美，树龄三年即结实。在印度也以波斯品种核桃最好。梵文胡桃常用ākhōṭa，akṣōṭa，akṣōṣa等字，是从伊朗来的外来语。

中国过去传说胡桃与葡萄、苜蓿，由张骞传自大秦，历史的根据是不充分的，但肯定了它是外来的植物。晋代所著的《晋官阁名》说：华林园中有八十四棵胡桃树。《吴时外国志》说：大秦有枣、素馨和胡桃。在唐代胡桃已经栽培得较为广泛了。胡桃为油料果品，可以入药，也可以治馔，木材也很坚实，至今仍盛产于中国西部。

在日本《大和本草》说：胡桃有三种。第一种叫鬼胡桃，圆形，有厚硬壳，难敲碎，肉少，在《本草纲目》中，叫作山胡桃。普通去壳的方法是把它在炭火上烤一会儿，猛投到水里使冷，然后再从水里拿出来，敲打壳子的接缝处，就容易裂开了。果肉很容易取出。第二种叫姬胡桃，壳薄，扁形，用铁锤敲打接合处时，很容易破。肉很满，多油，味道比第一种好。日本又叫陈仓胡桃，说是出自陕西凤翔，移植于加贺。鬼和姬的评语，即前者粗丑，后者形小。第三种说是来自朝鲜，壳薄易碎，肉少但质美。孟诜《食疗本草》说："食之令人能食，通润血脉，骨肉细腻光润，堪称良药"。日本又叫to-kurumi，唐胡桃也就是中国胡桃，大概是渡海而去的。海水给我们两国之间，传播了许多植物的种子，这不过是其中之一。

胡麻，在中国又叫脂麻或芝麻。由于食它的籽仁，既有脂油，又有香味，脂麻和芝麻，就说出了它的两种特质。过去常把亚麻也混称胡麻，这是应该加以区别的。因为胡麻只采其籽，制油或作酱，为食品中不可缺少之物，所以唐朝有仙人饭胡麻的传说。若亚麻则用其纤维制作纺织品，虽也由域外移植，但其情况是不同的。

芝麻开黄白花，籽熟时，有黑色、白色、肉红色或灰色的不同。药用黑芝麻，说是能润肺明目。在食品调味，芝麻油、芝麻酱是常用之物。制糕点也常用芝麻。

胡麻的引进，不知始于何时，沈括《梦溪笔谈》及《太平御览》等宋代人著作，也信传说“张骞始自大宛得油麻”，但至迟到唐代业已传入了。

胡荽，在中国叫作香菜，用以调味，劳费尔以胡荽音koswi，由伊朗语koswi、košwi等转来。这种植物，在古代波斯、大宛，都有生长，而且也都作为药用和食用，与中国相同。它的种植生长，是在冬天，它的分布遍于亚洲和欧洲，古代英语叫cellendre、coliandre，是从希腊语koriándron转来的，可见嗜好它的在古代就很多了。

胡瓜又叫黄瓜。中国古代叫王瓜。1957年我到尼泊尔时，其首相同我们参观蔬菜种植园，说是黄瓜和菠菜（又叫菠薐菜）曾由尼泊尔传入中国。但尼泊尔的黄瓜看起来比较肥短，类似脆瓜。与中国现在种植的不一样。另一种长条形的瓜类叫瓠瓜，又叫葫（音户）子，属葫芦（瓠芦）一类，瓜老时外壳可作壶贮水，葫与胡虽音近，但品种似不相同。

据说黄瓜原叫胡瓜，《本草拾遗》说，北方人为了石勒（273—333）出身胡族，为避讳，改叫黄瓜。此种瓜老时色黄，故名。

胡瓜的种植，在6世纪初年的《齐民要术》中，曾经提到过。据说埃及早经种植，既称为胡，就不是中国原产了。

胡蒜与胡葱，这只是历史上有此叫法，现在一般只叫大葱、大蒜，以别于小葱、小蒜。小蒜又名为薤，与韭相似。药用薤白，即是此种植物的根部。幼年在农村，挑野菜，小蒜为其中之一，嗅之有蒜味，可生食。秋后茎开白花，根部亦结蒜头，其大如黄豆，不分瓣。大蒜为百合科植物。现在种植者，蒜头有白皮，与紫皮的不同。古来既名胡蒜，所指盖即大蒜。胡葱又名浑提葱。《唐会要》说："浑提葱其状如葱而白，辛嗅药。其状如兰，凌冬而青。收干作末，味如桂椒。其根能愈气疾。"《封氏闻见记》说：浑提来自西域。其原产盖在葱岭以西，梵语叫mlecchā-kanda，意为蛮子的葱。佛教僧人戒律，不食蒜葱，见于鸠摩罗什所译《梵网经》中。大概在东晋时代，已经传入中国。至于现在的蔬菜中，传入一种"洋葱"，葱头紫皮色，较之大蒜的蒜头更大，其原产来自外洋，那就更不待言了。

胡豆与海椒，是我们西部四川的通用语，胡豆指蚕豆，不指豌豆。蚕豆瓣，川中叫胡豆瓣。青椒、辣椒，四川叫海椒，与海棠之例相同。辣椒日语叫唐辛子，从中国唐朝输入日本，冠以唐名，永念不忘。

其他还有些虽无“海”与“胡”的冠词，而确知其为南海航路输入的植物，如阿月浑子、诃黎勒、耶悉茗、无花果、郁金、水仙、西瓜、胡萝卜等，已经为中国人民生活中所习用，它们品种繁多，各地培养，也有变化，如西瓜一类，据我所曾食过的，其形状大、小、长、圆，颜色青、白、花条等，就不下十种，可知异地则变，用人工的定向发展，可以得到各种适合人的需要的产物，大概自其输入的时代至今，已经与其母体有所不同了。

水仙（Narcissus tazetta），有中国原生的和西方传入的不同品种，中国原生种遍布于湖北、湖南、江苏、浙江、江西、福建、四川等地。《广群芳谱》说：“水仙花，江南处处皆有之，惟吴中嘉定种为最，花簇叶上，他种则隐叶内耳。”又清初李渔的《笠翁偶集》说：“金陵水仙，为天下第一。”《苏州府志》说：当地出产水仙“有单叶千叶者”。

又《台湾府志》说：苏州水仙由海运到台湾转口，在广州花市上出售。《龙溪县志》说："土产不给，尚须鬻于苏州。"由这些记录看，自宋以后至清代，江南较温暖的地带，多有土产的水仙，其后以福建最盛。《闽产录异》说："水仙，兴化、漳州、泉州溥种于田，花肥则百叶，六叶者香胜，其蕊皆奇而无偶，一箭着花多至十一朵。"时间更后，渐渐成为漳州的特产。有"金盏银台""玉玲珑"诸名。俗称"酒盏"和"百叶"的即花瓣微皱，下轻黄上淡白，嗅之有香气的。这个品种原产于中国，它随着华侨的定居东南亚，也向海外推广，作为华人思乡的纪念名物。漳州年年出口，有人以为由外传来，这是未加深考的。

但中国水仙，到宋代以后才盛行，宋以前缺少记载。漳州水仙，著名更在近代。若西方水仙，自希腊神话中，即有传说。在唐代，可能传入过西方水仙。段成式《酉阳杂俎》说："柰祇出拂林国，苗长三四尺，根大如鸭卵，叶似蒜叶，中心抽条甚长，茎端有花，六出，红白色，花心黄赤，不结子。其草冬生夏死，与荞麦相类，取其花压以为油，涂身，除风气。"明李时珍《本草纲目》说："据此形状当水仙仿佛，岂外同名谓不同耶？"按"柰祇"或拉丁名Narcissus的转译，或阿拉美文Narjus的对音，拂林即东罗马帝国，据此则唐代产于西方的红水仙，已经引入中国了。《花史》说：“唐玄宗赐虢国夫人红水仙十二盆，盆皆金玉宝所造。”王敬美《学圃余疏》有同样的记载。当时把红水仙视为珍贵的品种，大概是由西域传入的。今水仙一类的花卉有叫“柱顶红”的，五月开花，盆养能出一至三四箭，箭端花六出。一簇三四朵，色红白。或是唐代红水仙的遗种。又一品种较小，亦五月开花，喇叭状，色淡红，一茎一花，继续开放，至秋始已，满盆出箭无数，俗名“韭莲”。此亦红水仙之类。这是我们经常培养的。

其原产于英国的喇叭水仙（N. Pseudo-narcissus），花梗长一尺左右，顶上开花一朵，花冠淡黄色，副冠深黄色，花冠状如喇叭，大而且美。原产欧洲南部的红口水仙（N. Poeticus），亦每枝花梗只开一朵，花冠和副冠都是白色的，但副冠的边缘带红色，故名红口水仙，颜色很鲜丽。不知唐代的红水仙，与此是否有些渊源。

又有秋水仙（Colchicum autumnale），属百合科，秋季先开花，花淡红色，颇美。翌春出叶，叶线形，暗绿色，原产欧洲和地中海沿岸，我国亦曾引入栽培。这些在中国园艺家的手中，多有发展变化。不过最盛行的还是我国原产的漳州水仙，它作为大片农作物种植，行销国内外各地，南洋侨生，尤所喜爱。至今独占市场。

其他如胡萝卜，即伊朗萝卜，它是今日中外餐中常备之物，据说在元代移入中国。其在日本，叫作人参，与中国药材植物中的人参同名，那可想而知是由中国输入的。

中国输往西方世界的果木，如桃如梨，已见于玄奘《大唐西域记》的记载。如茶叶、如蜜柑、如大米，它们的行踪已走遍全世界，联系着千千万万人的生活，日本人民把饮茶食米，视为恩物，这真正是“亲戚的生命”四方共享，万古流芳了。

五、珍宝与香料的舶来

中国人民的审美爱好，起源是悠久的。对于美丽的宝石，从石器时代就能够欣赏辨别。用各种颜色的石髓玛瑙，做成细石器，用燧石制成小的剖割器、箭镞以及装饰品等。北京周口店山顶洞人有把小型色石磨成的项链。那时期还有用贝壳制成的饰品。龙山文化时期，玉制的人面饰，凤鸟装饰，技术上已达到较高的程度。到商周时代，在青铜制品上，即出现了镶嵌艺术，常用的材料是黄金和绿松石。治玉当时更是奴隶艺术家的绝技。在安阳商代司（司是后的反写）母亲的墓中，发现了一组小玉人，极其精巧。殷墓所出玉饰，也都各有特色。鸟兽的形状，在图案化的形式中，表现出可爱的形态。战国时铜制的带钩，用金错镶嵌绿松石，在故宫博物院和历史博物馆都有保藏。

我们在长沙楚墓中，曾得到各种珍贵材料的饰物，有红玛瑙、黄琥珀、白水晶、紫水晶、孔雀石、白玛瑙、有纹玛瑙，制成的长形、圆形、细腰形的珠子，灿烂夺目。人工烧造的带花紫色琉璃珠，已出现在寿春楚墓中，说明烧制料器的技术当时业已掌握。

汉承秦楚的技艺，玉璧、玉佩、玉玦、玉勒之类，又有种种发展，璧琉璃是楚汉前后的新产品。这时由于和西南海外各国有贸易交通往来也输入了新技艺。汉代从郁林、合浦得到珍珠、翠羽、犀角、珊瑚、玳瑁等动物的宝贵原料，也为珍饰增添了新的品种。越南、郁林各地常贡翠鸟的羽毛，剪贴在金银首饰上。这种制作方法，一直延续到我的童年时代，也就是清代末年。这是真正的翡翠。其后发明了点翠法，用翠蓝色的化学制品，点在金银器上，贴翠羽的方法渐废。近代从云南西部和缅甸开采了绿玉，也叫翡翠玉，翡翠鸟羽就不使用于首饰了。

汉代的张骞打开了陆上丝绸之路后，北方从中亚陆路，南方从西南海路，输入了殊方异物。珠宝与香料，占了很重要的部分。到南北朝时期，各不同民族，也有广泛的接触，沟通了不同的爱好与风俗，于是在装饰艺术上互相借鉴，也出现了新的风采。从西域南海带来的宝石种类之多，更为过去所无。如金刚钻石，已出现在《大唐六典》中，与瑟瑟、赤珪、琥珀、白玉、碧玉等同列，云出波斯及凉州。当时西域波斯商人来长安者颇多，胡歌、胡舞，盛行朝野，胡姬压酒，设肆长安，更有许多“别宝回子”认宝物的传说。西南海上的商船，来往不绝。广州、泉州、扬州等港口，都有从西南海上远来的商船停泊，货物充斥。珠宝香料，作为商品也占重要位置。由于近年从长安故址，发现了东罗马的金币、波斯银币与日本的“和同开珎”银币，可知贸易往来，西讫大秦、东至日本，已是毫无可疑的了。

唐代的长安，不仅是大唐帝国的首都，它是政治中心也是商业中心，四方人文荟萃，商货云集。至今唐代都市遗址，出土了不少古代遗珍。如玛瑙兽头角形杯、八棱金杯、雕玉舞人等，制作精美，在艺术上达到很高的水平。此外如传到日本奈良时代的文物，今保存于日本奈良正仓院中的日本国宝，有不少是唐物。这些中西文化交流、中日文化交流的成果，至今仍放着灿烂的光辉。

晚唐五代两宋时代，国内各民族纷争，又达到一个高潮。北宋首都开封，从《东京梦华录》《梦粱录》《都城纪胜》等书中，可见市肆的繁盛。张择端《清明上河图》曾作了实地的临写。南唐流传下来的顾闳中《韩熙载夜宴图》，也活画出衣冠人物的生活小景。宋代对北方有榷场贸易，对海外则泉州等口岸设有市舶司，与日本也有商船来往。到辽、金、元三朝，其政治、商业重点，已迁移于大都，即今之北京。尤其在元代，成为横跨欧亚的大帝国，当时西域色目人珠宝商来大都者尤众。专有售珠市。

陶宗仪在《辍耕录》卷七《回回石头》条，记有红石头四种，同出一坑，绿石头三种，同出一坑。这里所说的“红石头”和“绿石头”，大概指的是“碧玺”和绿玉。“碧玺”以双桃红色泽的为佳。绿玉以“助木剌”为贵，到17世纪时，“助木剌”写作“祖母绿”，是波斯语zumurrud的译音。英语叫作Emerald，亦译绿柱石，是一种浓绿色的宝石，中有丝条纹理。与白中透绿的翡翠玉不同。也不是现在最贵重的星彩红宝石（Star Ruby）和星彩蓝宝石（Star Sapphires）（这两种产于缅甸）。“碧玺”和“祖母绿”在故宫博物院珍宝馆中都有藏品。

《辍耕录》中还提到“黄亚姑”“白亚姑”“猫睛”“甸子”等，“亚姑”即玛瑙，为Agate的译音。“猫睛”即猫眼石，英语名cat’s-eye，产于斯里兰卡。中有一缕光线，迎光转动。甸子即绿松石，西人称土耳其玉（turquoise），产于内沙布尔和起儿曼。产于云南的孔雀石，也叫甸子。《大明一统志》说：云南安宁州有绿松石矿，称之为“碧甸子”。（按：

绿松石与孔雀石略有区别，云南出产的是孔雀石。）《辍耕录》所说的襄阳甸子，即湖北省产的绿松石，较云南产的孔雀石的绿色稍淡些。这种绿松石为藏族、蒙古族所喜爱，作为装饰品极普遍。维吾尔族的少女则极爱红宝石。

我国自古就重视贝类，名之为宝贝，并且用做货币。凡从贝之字，如资财贵贱之类，皆是以贝来代表的。因此贝类在远古时代，就被视为珍品。到汉代，广西合浦的珍珠，被用以镶嵌装饰品，历代以来，常以为宝。到明清时，复崇尚东珠。东珠月孕生辉，宝光圆润，制成的首饰，如项链，华灯之下，闪烁耀目。在乾隆时的外国贡品怀表上，也有装饰珍珠的，至今已成珍品。在斯里兰卡所产的贝珠中，偶有绿珠与金珠，色泽异常，不可多得，这在珍珠中是非常名贵的。

我国是产玉的国家，自古以来，贵重玉器。在统治者的上层，玉成了必要的装饰品。我国雕玉技术工巧，有着长期的历史。古诗所说的“如切如磋，如琢如磨”“他山之石，可以攻玉；他山之石，可以为错”，这些宝贵的治玉技巧，不断发展，才有今日的精工名作。而且选材造型，也是很高的艺术，虽有荆山之璞、和氏之璧，倘不得名工，也不能充分发挥它的美质。在我们故宫博物院的珍宝馆内，藏有不少巧作名作，如白玉的把杯、翠玉的大碗，价值连城。据说玉工和镶治宝石工，以亚洲人最精此道。尤以阿拉伯人、中国人、印度人、日本人在世界上最为著名。故宫藏品，正是聚亚洲雕玉艺术之精华，表现了极高的文化成就。

关于玉石的产地，我国古代以蓝田、和田著名。水晶各地多有出产，紫水晶产于山东崂山，现在又在山东发现了钻石矿藏。山东临沂发现的“常林钻石”，实属珍品。在河北省邢台的黄寺，石榴石矿藏甚富，号称“寺儿砂”，为磨玉的必需品，其坚硬度甚高，也是宝石的一类。

我国古代本来就有宝石，名为颇黎，是自然成就的，与人工所造的玻璃，是两种不同的东西，过去往往混为一谈。至于汉代璧琉璃，是一种不透明的人造料器，与后代的料器，可归一类。可见这种烧制的方法，我们已经掌握很久了。试观古墓中所发现的各种大小不同的璧琉璃和带花的珠子，这无疑是中国自造的。

琥珀也是中国矿产之一。东北抚顺，所出金珀，内含有古代的昆虫，活灵活现。过去我曾自藏金珀一块，中有绿色金甲虫一个。琥珀与其说是矿物质，还不如说它属于植物。它自古就为中国人所发现，不仅作为装饰品，还作为药物。在明代李时珍的《本草纲目》中，就有记载说：“虎死则精魄入地化为石，此物状似之，故谓之虎魄，俗文从玉，以其类玉也。”这是说它的名称的由来，因为它状似的缘故，并非虎死后精魄所化。又说："松脂沦入地，千年所化，今烧之亦作松气。亦有中有一蜂，形色如生者。"我有琥珀小印章一，中有小蜂，殆松脂流时，裹入其中。小昆虫均能裹入，往往见之。《本草纲目》又说："凡用须分红松脂、石珀、水珀、花珀、物象珀、瑿珀、琥珀。"可见中国所出琥珀，并非一种。又说："琥珀是松树枝节荣盛时，为烈日所灼，流脂出树身外，日渐厚大，因堕土中，津润岁久，为土所渗泄，而光莹之体独存，今尚有黏性；故以手心摩热，能拾芥。"这是摩擦生电的缘故，当时用以辨别真伪。

琥珀在中国《汉书》的记载中说：出于罽宾（今克什米尔）。又说产于大秦和萨珊王朝的波斯。在丝绸之路初通南海、西域时，或曾由外国输入过。《汉书》《后汉书》《南史》《隋书》等都有记载。《隋书》卷八十三《波斯传》中，改"琥珀"为"兽魄"。这是汉唐之间和西域南海交通所传名物之一。但是到16世纪初年，李时珍在他的《本草纲目》中能观察如此之详，则肯定已是中国国产的了。

西南海上珍宝的传入，一盛于唐，再盛于明。明三宝太监郑和，在永乐年间，曾下西洋七次。以丝绸瓷器等贵重商品，换回珍贵宝物不少。其随从费信、马欢等，著《瀛涯胜览》《星槎胜览》等书，记录了诸国情况。贸易往来，文化交流，范围很广。宝船所至，诸国欢迎。及其归国，以所得珍宝贡诸宫廷。今定陵所出金冠镶嵌宝石，盖即郑和所得之物。斯里兰卡、印度、缅甸等国，均产宝石。钻石以非洲所产独多，郑和远航，已达东非海岸，来往数次，宣扬我国文化，沟通了西南海上诸国的关系，这个盛举，是永垂于史册的。

中国同西南海上的贸易品中，珠宝之外，香料也占有主要的成分。香料可分为味觉的与嗅觉的两种，如胡椒、茴香是调味品，属于味觉的香料。《隋书》里提到的康国（粟特）所特有的两种香料，“䶊香”和“阿萨那香”，是嗅觉的香料。䶊字不见字书，但《太平广记》卷一百八十三中，有一段说：康国的两种香料，名叫“甘松香”和“阿萨那香”。因此知道“䶊香”即“甘松香”，据劳费尔氏说这是一种有名的香料，和Nardostachys jatamansi所产的香膏味道相同。它就是梵语的nalada，波斯语的nard或sunbul。有人说亚历山大的兵士们在格得罗西亚所发现的甘松香就是这一种。

梵语名字nalada在《翻译名义集》卷八里写作“那罗陀”，并把此字分为Nara-dhara，意为“人所佩带的”，因为据说人们把这香花系在他们的腰带上。Nalada字源很古，曾见于《阿闼婆吠陀》中，是印度古语。波斯语的nard、希腊语的

nardos 都是从这个字来的。此种植物在中国的四川、云南边界与印度接壤的地方也有，也有可能互相传播。

苏合香是由南海输入的香料的一种。它是storax的译音，在《梁书》卷五十四里，把苏合香列为从大秦和安息（帕提亚）输入的西印度的产品之一，并说："诸香汁煎成，非自然一物也。"《梁书》还记有扶南的阇耶范曼王在519年进贡苏合香及其他礼物的事情。

苏合香也列为萨珊时代波斯的产品之一，《隋书》卷八十三与《周书》卷五十都记有这种香料。玄奘所译《瑜伽师地论》第三章中，把这种香料名为"窣堵鲁迦"，即梵语的Sturuka，等于Storax，即是苏合。

在唐代，苏合也有从马来地区输入到中国的，当时叫这地区为昆仑。据说那苏合是紫赤色，颇像紫檀（Pterocarpus Santalinus，昆仑所产），坚实，非常芬香，是一种高大的植物。生长在爪哇、缅甸、阿萨姆等地，它的木质芬香，流出一种有香味的树胶，见风就凝固。13世纪，阿拉伯人输出流质的苏合香到苏门答腊的三佛齐。《太平广记》说苏合出产在越南、三佛齐以及诸番国，说是从一种树胶里提取出来的，可作医药用。沈括《梦溪笔谈》说是有两种苏合，一种是红色固体的，很像硬木，另一种是胶状液体的。

没药也是输入的香药之一。《类证本草》引5世纪前徐表的《南洲记》说："没药，波斯松脂也。状如神香，赤黑色，味苦温。"《类证本草》又说这种植物生长在波斯，很像安息香，分成一块块出售，大小不一，色黑。苏颂说："今南海诸国及广州或有之，木之根株皆如柑榄，叶青而密，岁久者则有脂液流滴在地下，凝结成块，或大或小，亦类安息香，采无时。"赵汝适说没药出东非洲的柏柏拉海岸和阿拉伯的海德拉谟特沿海地区，这种香药可能在唐以前就已输入，它经过马来西亚而行销到中国。至今这种药品仍在中医药方中使用，与乳香齐名。

又一种名叫安息香的，传入中国也很早。据说最初由伊朗经南海传入。后来伊朗停止输入，就转用在马来的产品。这是两种不同的植物，却用同一名称。李时珍《本草纲目》说这种植物现在出产在安南、苏门答腊等地。大概至迟在明代就用南洋印尼出产的安息香了。在唐代段成式的《酉阳杂俎》卷十八里，曾讲到安息香，他说："安息香树出波斯国，波斯呼为辟邪。树长三丈，皮色黄黑，叶有四角，经寒不凋。二月开花，黄色，花心微碧，不结实。刻其树皮，其胶如饴，名安息香，六七月坚凝，乃取之。烧之通神明，辟众恶。"他讲得如此详细，可能本有此种，但近代欧美学者的研究，认为安息香树不产于波斯，而是只出产于苏门答腊和暹罗。日本学者也曾有南洋诸国出产香料的著述，因不在手边，就不及参考了。

中国的药物学中，有不少是由西南海上运来的产品。如《海药本草》《本草拾遗》等书所载，这里不能备录。而波斯产地，据学者研究，时代较后的，也不一定是指古代的伊朗。马来亚波斯人，以航海为业，也可能把当地的物产，运载入中国。在文化交流方面，商业与宗教，做了不少贡献，往往为国际交往的先驱，这是人所共知的。

六、珍禽与奇兽的贡献

中国自古以来，就把稀见的禽兽，视为珍物，甚至视为祥瑞。大概在原始社会的图腾时代，就曾“以鸟纪官”“鸟师而鸟名”“以龙纪官”“龙师而龙名”，龙鸟成为族徽，象征祥瑞。所以“凤凰来仪”，就成为吉祥的象征；“凤鸟不至”，就视为不吉的预兆。“凤凰麒麟在郊棷”常常载之史册，刻于碑阙。邻国来送珍禽异兽，史官常常加以记录，文臣常常加以歌颂。

汉代西南来贡大雀、来贡大鸟卵，是从西南交通最早来的鸵鸟，史有记述，并且雕刻于霍去病的墓上。天马也就是大宛马，名贵一时，养于近郊，并且从西方移植来饲料苜蓿。非洲狮子来到中国，几乎成了各种艺术的题材。狮子纹锦、狮子纹镜（又叫海兽葡萄镜），还有五方狮子舞，盛行民间。

我国雕刻的石狮子，式样很多，多放在门前、殿前、塔前、阙前、陵前。马可波罗桥（卢沟桥）的石栏杆上也有各种狮子，守护在两侧。表演舞狮的艺术，已成为我国杂技的一种，出神入化，驰誉国际。雕刻狮子的作品，从汉代开始，继续至今，各时代有各时代的风格。而且因地而异，同是汉代的作品，山东武梁祠的石狮是一种形态。四川雅安高颐阙的石狮又是一种形态。魏晋南北朝的石狮造型，又有很多变化。南朝诸陵的翼兽，叫作辟邪的，恐怕也是狮子的变形。到唐代长安郊外诸陵墓前，多有蹲踞着的高大狮子，顺陵与乾陵，是最雄伟的范例。到明代南京的孝陵、北京的十三陵，都有精雕的石狮子。清代的东陵，用汉白玉精雕的石狮子，尤其显得华贵。故宫和颐和园，铜造鎏金的狮子，可以说是雕塑的杰作。此外剪纸窗花和玩具等，也常以狮子为题材。特别是自明代以来，精制的印纽，以田黄和白寿山为印材，通常也用狮子为纽，名工巧作，如周彬等各显神技，这种小型的艺术品，雕得生态栩栩，非常可爱，至今已成珍物。

不过这种狮子已经是人造的形象，与真实的狮子并不相同。它全凭艺术家的手法，设计雕塑，脱离真实，成为一种独立的艺术品。太狮少狮、巨狮戏弄小狮和狮子玩球，都是常见的雕刻品。而杂技艺术舞狮中的狮子能过跳板，乡村赛会舞狮中的狮子能攀叠案，艺术家已将猛兽，化作人们游戏的伙伴了。

在绘画题材中，也不乏画狮的名作。在古代绘画作品中，也都是艺术家构想出来的形象，或者说图案化了的形象。我曾藏有一幅番人献狮图，绘的是两位天方使者，牵着一头狮子，长毛披拂，彩色斑斓，形态既美，性亦温和，这无疑也是理想化了的。我曾见日本的名作“唐狮子屏风”，它也受有中国的影响，又日本舞中的《镜狮子》与唐舞可能也有关系。我曾于1957年赴尼泊尔报聘，他们也雕有各样的狮子守塔守门，据说与中国金鱼，同受到尼泊尔人民的爱赏。而且雕的是中国狮子，并非非洲狮子。这种艺术的狮子，是中国艺术家所创造，而非自然的本相，在我们的近邻中，也同样被爱悦。

同样我联想到古代西南邻国来贡“白鸠”的历史记录。白鸠即白鸽，可见这珍贵的鸟类，在中国原来是不产的，贡来之后，文人也加以歌咏。经过养禽艺术家的精心饲养，鸽类便产生了许多异种，已非原型。中国有不少画鸽名家，能就自己的心愿，自行创作。鸽子的艺术形象之多，不下于狮子的艺术形象之多，舞狮与饲鸽，成为人民的爱好，由来已久。清初蒲留仙以鸽为题材曾写小说《鸽异》，可见鸽也成为文学艺术家们所喜爱的创作题材。

这里我再谈一谈长颈鹿之传入中国。长颈鹿原产非洲，为我国所无。在明代费信、马欢的书中，曾记载着非洲出产这种野生兽类。

15世纪初年，明永乐时，我国曾派遣三宝太监郑和、王景弘等，出使南洋群岛和印度，向西一直到达非洲的东岸。这个庞大的船队，曾经往返七次，向西南各民族国家传播了中国辉煌的文化，也输入了各国的文化和物产，其时西方殖民主义者尚未侵入东方，东方的非洲和亚洲的人民，尚未受到西方殖民主义的奴役，保持着自己独立的生活与文化。我国亲善的使节，曾受到很多国家人民的欢迎，沟通了贸易关系。这条海上的丝绸之路，当时西方人还很少知识。我国东晋的法显在《佛国记》中，就已经有了记述。至唐宋时代，来往更加频繁。在明初永乐时，与郑和同去西洋的马欢和费信的书中，对于南洋交通、诸国风土民俗，更有较详细的记录。在年代上也较达伽马（Vasco da Gama）东来印度，约早一个世纪。郑和航海的壮举，在历史上曾被称为“明初盛事”，其中可以特别提出的，是我国与孟加拉国（Bangladesh）所发生的友好关系。

孟加拉当时译称榜葛剌国，在《明史》卷三百零四《郑和传》中曾说郑和七奉使，所历占城、爪哇……榜葛剌、天方、黎伐、那孤儿，凡三十余国，所取无名宝物，不可胜计云云。榜葛剌国，存《明史》卷三二六《外国传》七，并有专传，记述榜葛剌国的状况及中国使臣前往通好的情形。时值印度伊斯兰教王权统治的时代。当14世纪中叶到15世纪，印度分为数国，榜葛剌国辖有今日的孟加拉邦（Bengal），在当时为南亚诸国之一。

除郑和、王景弘外，当时还有侯显，也曾数次出使南洋，有两次与榜葛剌国有关。第一次是永乐十三年（1415），七月出发，何时返国，史无记载。这次出使的目的，是明成祖朱棣“欲通榜葛剌诸国，复命显率舟师以行，其国即东印度之地，去中国绝远，其王赛佛丁遣使贡麒麟及诸方物。帝大悦，锡予有加”云云。

第二次是永乐十八年（1420）九月出发，也未记载返国日期；这一次出使的目的，也是到榜葛剌，其主要的任务是调解沼纳朴儿与榜葛剌的战争，侯显两次出使，都是到的榜葛剌国，第二次还担负着调解两国战争的重大使命，他可以说是当时我国对榜葛剌国的专使。我藏有一幅明永乐时《榜葛剌国贡麒麟图》，正是从这个时代背景下产生的。

侯显第一次出使榜葛剌，其王赛佛丁，遣使贡麒麟及诸方物，所贡的麒麟，从当时所遗存的图画及文献看，就是长颈鹿。这种生物是非洲的特产。《星槎胜览·天方国》说：“地产‘祖剌法’。”《瀛涯胜览·天方国》说：“地产‘麒麟’。”《吴都文粹续集》卷二十八郑和撰《娄东刘家港天妃宫石刻通番事迹记》说：“永乐十五年统领舟师往西域，其忽鲁谟斯国进狮子、金钱豹、西马，阿丹国进麒麟，番名‘祖刺法’。”“祖刺法”与“麒麟”，是一名的两种译音。章鸿钊《三灵解》说：“《明史》所称‘麒麟’，实即今阿非利加之产，彼通称曰‘其拉夫’，阿拉伯语曰‘组来法’，西班牙语曰‘其拉发’（威婆斯德氏《新万国字典》九一三页），音亦与‘麒麟’相似。如《阿丹传》所记其形象出处，均无不同。”又《三辅黄图》说：“青梧观在五柞宫西……下有麒麟二枚，刊其胁文字，是秦始皇骊山墓上物也，头高一丈三尺。”今之麒麟，长颈是其特征。《明史》说长丈六尺有二，其说正合。祝允明《野记》卷四说：“正统中，在朝每宴享，廷中陈百兽，近陛之东西二兽，东称麒麟，身似鹿，灰色有文，颈特长，殆近二丈，望之如植竿，其首亦大概如羊。……乃永乐中外国所献。”《五杂俎》云：“永乐中曾获麟，命工图画，传赐大臣……其身全似鹿，但颈甚长。”明初所画麒麟图，传到现在的，不止我所藏的一张，所见各图，都显示出这个特征。

欧人研究者如劳费尔、费琅（G. Ferrand）等人，也都说麒麟就是长颈鹿。费琅所撰《瀛涯胜览中之麒麟》一文（见《亚洲报》1918年刊下册一五五至一五八页），说麒麟出于索马里语的Giri，北部诸方言中名为Geri，都是汉译麒麟的原语，即热带所产的长颈鹿云。

在我国古代传说中，以龙凤龟麟为四种灵物，麟居其一。如"麟吐玉书"等古代的传说，都把它当作神异的生物。麟当作祥瑞，由来已久。古代的麟，究竟作何形状，现在已经不可得见。它与龙凤一样，在中国艺术中，已经图案化了。但据殷代甲骨文的记载，麟就是鹿类，"获白麟"也就是获白鹿（见前中研院安阳发掘报告）。秦始皇墓前的石麒麟，也近似长颈鹿。古生物的长颈鹿化石，据说也曾在亚洲发现，则麒麟之为长颈鹿，在古代也是可能的。至于榜葛剌国所贡的麒麟，实际就是来自非洲的长颈鹿，那已经毫无疑问了。就以原名译音，称为麒麟，贡献给我国，又适合于我国原有的古名。所以称为瑞物。明《内阁藏书目录》卷八有《瑞应麒麟诗》十六册，这部诗集，系从宣德八年，古里、亚丹诸国遣使来献麒麟，群臣的献诗中汇集的，再加15世纪初年明代遗存的古画，就更加说明问题了。

1945年至1948年我在印度国际大学任教时，曾承加尔各答大学甘歌利教授（Prof. O. C. Gangoly）惠赠一照片，图中画一长颈鹿，由一个进贡的使臣牵着，鹿的高度约等于人的三倍。

这大概是当时的对物写生。画的上端，有沈度撰书的《瑞应麒麟颂并序》，这幅图作于永乐十二年甲午八月，时当1414年。我于1949年由印来京后，曾得到同样的一幅，是清初宫廷著名画师汪承沛的临本。按《明史·榜葛剌国传》，榜葛剌国曾贡麒麟两次，一为永乐十二年，一为正统三年，这便是第一次贡来的麒麟了。作颂的沈度，在《明史》二百八十六卷《文苑》有传，说他善于书法、文学，沈度的生平，并见于《耕砚田斋笔记》及《历代画史汇传》，虽入画史，但画却少见，此仅其一。他是一个宫廷文人。这幅《榜葛剌国贡麒麟图》，实在是中国与孟加拉国非常珍贵的睦邻交往的文化遗物。这幅画本身所有的艺术价值不论，作为中国与孟加拉国亲善的历史纪念，也是应该特别加以重视的。

《明史》所记外国贡麒麟的，不止一条。《外国传》说："阿丹在古里之西，永乐十九年，中官周姓者往，市得……麒麟、狮子、花猫、鹿、金钱豹、驼鸡、白鸠以归……麒麟前足高九尺，后六尺，颈长丈六尺有二。短角、牛尾、鹿身，食粟豆饼饵……麻林，去中国绝远。永乐十三年，遣使贡麒麟……苏门答剌宣德八年贡麒麟……忽鲁谟斯，西洋大国也。自古里西北行二十五日可至。其国居西海之极，所贡有狮子、麒麟、福禄、灵羊。榜葛剌，即汉身毒国……正统三年，贡麒麟，百官表贺。”据此，南洋送给明宫麒麟，不止一次。明代所画贡麒麟图，流传至今的也不止一幅，在劳费尔所著《在历史与艺术中的麒麟》中，即印有15世纪阿拉伯人贡麒麟图一幅，伊斯兰教人贡麒麟图一幅，以及1485年所画麒麟图一幅，木刻麒麟图一幅，另外我曾见一幅14世纪的波斯细密画，为《马穆鲁克苏丹派使为帖木儿王贡麒麟图》。大概当时把麒麟作为亚非之间的友谊礼品，蔚成风气，所以表现在画幅中的，也就不止一图了。中国曾为南亚次大陆的两个国家排难解纷，息去争端，和平共处，因而得到信赖和友谊，得到远道送来的珍禽异兽，作为纪念。

七、武术与印度舞蹈的交融

武术中的气功出于我国的道家。其远源大率托之黄帝，今传有《黄帝内经太素》[①]，《汉书·艺文志》著录十八卷。晋皇甫谧序《针灸甲乙经》说："今有《针经》九卷，《素问》九卷，二九十八卷，即《内经》也。"至隋代杨上善编纂《太素》，至唐代王冰注解《素问》，又把《隋书·经籍志》中的《九灵》，称为《灵枢》，于是合《灵枢》《素问》为《内经》十八卷。但全本《素问》已非旧传。即《内经》全书，到南宋、金、元时期已经散失。幸清代末年杨惺吾自日本得唐人卷子抄本影写卷以归，其中有易筋、易髓的说法，又有"导引谓熊颈、鸟伸、五禽戏等。近愈痿癖万病，远取长生久视也"的记载。（此条见日本《医心方》卷二十七所引《太素》杨注）

① 1955年7月人民卫生出版社影印本。

根据这部古医书的说法，“百病生于气”。人能调和阴阳，顺养气血，就可却病延年，长生久视。所以气功对于健身卫生，有很大好处。气功有动有静，静则呼吸吐纳，动则运动肢体，学几种禽兽的动作，这就叫五禽戏。为了使气血通畅，就要加以导引。日日锻炼，人的身体，就能健康。这是古代人讲究养生的方法。在道教中流传了下来。

道家流传的还有一种《黄庭经》，专讲丹田运气，恬淡无为。古诗说：“服食求神仙，多为药所误。”服丹药有害处，只有锻炼身体，才能长寿。在长沙马王堆三号汉墓出土的西汉《导引图》帛画，便是当时对气功锻炼的图像。在魏晋时期，道家思想有进一步的发展，认识到饮酒服药，都有不良的弊病，只有炼气易筋，对人有益，流传下来，成为卫生医学、体育运动的一份文化遗产。

过去把易筋经、五禽戏等都上溯到黄帝时代，这是不科学的。这只能表明古代人民，已有这种卫生要求。黄帝还在石器时代，针砭都用石制，不用金旁。《内经》这样的文字，还不可能有，至于《黄庭经》这样七言韵语长篇撰述，大概要在汉代“柏梁诗体”成熟时代才有可能。《内经》在《汉书·艺文志》虽有著录，但并无《素问》，汉代的古简，业已不传。到晋代皇甫谧所序《甲乙经》，也不可考。今传写的日本仁和三年卷子，在唐僖宗光启三年（887），已在9世纪末。大概此书的形成，始于魏晋，而完成于隋唐。《黄庭经》传说曾经东晋王羲之为山阴道士写以换鹅，后有永和十二年五月廿五日山阴县写题记。与颍上《兰亭序》在同一石刻，观其字体，亦唐人所书。唐代重道教，武则天且曾以“长寿”“久视”纪年，可见崇视之深。印度佛教传入，同时受到尊重。佛道两教在中国的社会里，有彼此混合的迹象，例如佛教的禅宗与道教的清静无为思想，印度的瑜伽与中国的气功，都有一些类似。这是在南海航路畅通以后，文化交流，互相学习而形成的。

佛教的初传，原是小乘，注重戒律。大乘佛教已吸收有婆罗门教的因素在内。禅宗是大乘佛教空宗的一派，传入中国后，在士大夫阶层中得到发展。晋人尚清谈，不拘礼法，以后的禅宗语录，脱略形迹，好像是吸收了中国的哲学思想，内容才更加丰富的。相传自印度来中国的达摩，是禅宗的初祖，关于他有许多离奇的传说，流行在河南嵩山少林寺中。

5世纪末6世纪初，南朝的梁与北朝的魏，都崇尚佛教，印度佛教僧人来中国者，自此日增。名叫达摩的僧人，至唐略加统计，前后约三十人。菩提达摩（Bodhidharma）原意为佛法。达摩在三国魏晋时，译音为昙摩。东晋简译为昙，至北齐时，始译为达磨或达摩。550年在邺城译经的达摩菩提（Dharmabodhi，意为法觉），566—571年间翻译婆罗门天文二十卷的达摩流支（Dharmaruci，意为法希）已使用“达摩”汉字的对音。

嵩山少林寺，始建于北魏太和十九年（495），初来的开山者为印僧跋陀，跋陀弟子慧光、僧稠，多讲武术。少林寺武术，自僧稠开其端，至隋唐而兴盛。

禅宗的达摩，是南印度人，于南朝宋末（478）航海到广州，曾去南朝建业，与梁武帝谈不投契，乃渡江北去洛阳，后往嵩山少林寺住，面壁十年，传法与慧可。由于不立文字，多由传说，自说世寿一百五十余岁，在中国约五十八年。那么当他漂海而来时，已是百岁的老僧了。关于他的一苇渡江、十年面壁、慧可立雪断臂等过神其说，就常识论，也觉不大合乎实际。

但达摩毕竟是一位有影响的禅僧，特别是在中国和日本，由于种种神奇的传说，成了偶像，成了绘画、雕刻的题材。文人画派与禅宗有密切的关系，尤其爱画他。而且传说他是少林寺传授拳术的祖师爷。他在北魏孝昌三年（527）来到少林寺，于梁大同二年（536）卒，在这个九年中，大概就是传说中他的面壁静坐参禅传法之年，这与他的传授拳术是相矛盾的。而且参禅是静的，拳术是动的，这与他的行事也不类。印度来中国的名叫达摩的佛僧，不止一二人，传授达摩拳术的究竟归于何人，这还有待研究。

气功是中国古来本有的导引吐纳之术，出于道家，易筋经也出于道家，与印度的瑜伽（yoga）不同。瑜伽在印度的起源也很早，为印度修道者的一种调息静坐的方法。作为健身静虑之用。据说南北朝时，曾由印度传入中国。中国的气功与印度的瑜伽，互相接触，互相学习，也有可能。有如印度的禅宗，到中国曾有新的发展。印度瑜伽的静坐法，与中国气功中所用的双盘坐法，颇相类似。中国古代席地而坐，箕踞谓之不恭，故有盘坐的习惯。至汉有胡床（类似今之交椅），仍有交膝坐在胡床上的。印度古来也是席地而坐，无论佛教、婆罗门教都保持着这个习惯。1945年我到印度国际大学任教时，师生常到森林里席地团坐，自由讨论，这可能就是古印度式的传统。

不过印度瑜伽有些奇特的功夫，如人可以埋在地下，达数小时不致窒息死亡，可以不畏刀砍、锤击，甚至能在熊熊的火炭上行走，并无损伤。其他离奇的事情，还有很多。在唐睿宗时（710），婆罗门来献乐舞，舞人可以倒行，或以足舞于锋利的刀上，又把刀竖立背下，人卧其上，吹筚篥者立其腹上，终曲而亦无伤（见于《旧唐书》的记载）。据说这就是受过瑜伽的训练，才有此高超的艺能。气功与瑜伽，可以说各有自己的功夫，各走自己的道路，不能混为一谈。国际介绍中国气功，往往使用“中国瑜伽”的名称，这是不正确的。

瑜伽既入中国，与中国的气功有了接触，自然也会互相影响。印度来中国的僧人，曾传来医疗和药品，中国的气功与医疗也会传入印度。据说在18世纪时，印度的瑜伽师曾绘制过一张瑜伽静坐图，图中人体上标出七个神秘的中心。经查对，位置恰与我国古代独有的经络学说中任、督二脉上的泥丸宫、神庭、重楼、绛宫、气海等穴位完全一致。有人认为，这张图是中国气功家投桃报李，与印度瑜伽师相交流的最好见证。

一位印度的友好人士曾经说：“印度瑜伽和中国气功的发展，曾对促进印中两国人民的友谊做出了贡献。如果印度瑜伽师和中国气功家能在瑜伽和气功的科学研究中携起手来，共同切磋，那将会为人类做出更大的贡献。”①

气功与瑜伽，是中国与印度两国人民各自的文化创造，目的是为了健康长寿，造福群众。共同研究切磋，过去曾经有过，将来更有可能。

此外，我们在唐代的舞蹈中，看到一些与印度有关的记录。而且达摩舞也在其中。在古代，舞术就是武术。舞蹈的姿

① 参看高树茂《印度瑜伽和中国气功》。

式与武功的动作是相通的。唐崔令钦《教坊记》中所载，大曲中有《胡僧破》[①]，杂曲中有《南天竺》《望日婆罗门》。唐段安节《乐府杂录》中所载，健舞有《达摩支》。举凡胡僧、南天竺、婆罗门、达摩，这无疑都是来自印度。这四种舞术都可能由南海传来。达摩是南印度人，也即是胡僧。婆罗门是印度四种姓的最高一级，并常用以代表印度。达摩支的舞术如何，唐代未留下图像，在南印度的舞王庙石刻舞式中，却可供我们参考。

南印度奇丹巴兰（Chidambaram）有一处壮丽的湿婆（Shiva）神庙，湿婆在南印，被尊为舞王。在这个神庙的墙壁上，雕刻着一百零八种健舞（Tāndava Laksanam）的姿势。按照印度古代流传的婆罗多（Bharata）的《舞乐论》来对照，每种姿势，在梵文中都有一个名称。我曾把各种舞姿，请《易筋经》气功的传授人常维祯作一比较研究，据他说其中有几种姿势与他所传授的《易筋经》中的姿势是相似的。如其中图20即立正合掌的姿势，向佛敬礼，练功开始，名为“童子拜佛”。图22第一步拳术，能走肝经。图52推窗望月。图55前推手。图63挺胸，能走胆经。图81上提下蹲。图70云手、图74揉球、图

① 破在舞蹈中是开始动作，如曲破之例。

93骑马蹲裆等姿势，在全部过程中，只有一小部分相似的动作，而且在图中只取其静止的状态，自然不能得其全貌，也不能互相比附。

1946年我在印度国际大学任教时，曾于Santiniketan的音乐舞蹈学院，观南印度舞蹈家头戴宝冠，身披璎珞，作婆罗多舞。舞时连续动作，手舞足蹈，进退有节，配以眼神手势，外加合唱，它是舞艺也是武术，在南印度被广大人民所爱好。唐代的“达摩支”是否就是由此舞传来的？在千载之后的今天，我们也只能做这样的联想。中国与印度两个伟大的民族，在古代，各自创造出灿烂的文化，中古以来，交往频繁，南海的航程，给我们传播了彼此的文明，互相学习，互相促进，在艺术或武术上，有着相似的风格、韵味，这正是文化交流发展的成就。

八、装饰与饮食的传导

（一）服装的传播

中国有句古语说，“口之于味也有同嗜焉，目之于色也有同美焉。”这意思是说，人们对美味的饮食与美好的装饰有着共同的爱好。中国人总愿以美味的肴馔，招待我们远来的朋友，以此为乐，而且把发明的美丽服饰、美好饮食，传导给朋友。例如织丝的发明，是中国最早；饮茶的发明，也是中国独具的。这些先民的智慧创造，很快就传到日本，而为日本人民所接受所发展，成为中日两国人民共同的爱好，又向世界文化做出了贡献。

据古书的记载与考古学的证明，日本的原始社会弥生时代，有文身的习俗，与我国的浙江沿海会稽相同，《三国志·魏书卷三十》说，倭人“夏后少康之子，封于会稽，断发文身，以避蛟龙之害。今倭水人好沉没捕鱼蛤，文身亦以厌大鱼水禽，后稍以为饰。诸国文身各异，或左或右，或大或小，尊卑有差。计其道里，当在会稽、东冶之东”。日本人民爱好文身，至今犹存此俗，谓之“刺青”。又说“以朱丹涂其身体，如中国用粉”，在日本考古的遗物埴轮上，也得到证明。又说“男子皆露紒，以木棉招头，其衣横幅，但结束相连，略无缝。妇人被发屈紒，作衣如单被，穿其中央，贯头衣之”。这是说男女的服装都很简单，衣服不过是整幅的织物，用线连缀，作衣有如单被，或在一块布中间开一个口，从那个口把头伸出来，这叫“贯头衣”。近来考古发现的弥生时期的遗物上，也确有这种“贯头衣”的样式，可以证明陈寿《三国志》的记录是有根据的。至于以巾束首，日本至今仍有这种习俗，自古相传不绝。

可是到了三国之后的南北朝时期，汉族的文化，移向长江以南。南朝以建康（南京）作为中心。日本与南朝有了交往关系。中国文化由海路向东方传播，日本人民的生活服饰，就大大受到推动，起了变化。在《古事记》和《日本书纪》中，虽然记载很不完全，不能把当时的社会生活，画一个清晰的画面，但中国文化对日本的纺织品和缝纫技术所起的巨大影响已是可以想象的了。有几位中国的优秀工人到日本定居，这里应该特别提出。这就是身狭村主青、桧隈民使博德等由中国带到日本的手末才伎，汉织、吴织及衣缝兄媛、弟媛等人。这些织锦的手工艺人，给日本带去并且传授了制作丝织品的方法，以及汉织、吴织的各种图案和色彩。这些裁缝们的巧手，为日本人民制成了美好的服装，使群众传习，并装束得和文化先进的吴人一样。这就为日本的吴服奠下了基础。比之日本人民原始的服装，那种无蚕丝的时代——只用植物纤维，做成极粗的以麻、楮、树皮等为原料的布，缝成贯头衣，套在身上，真是焕然改观，不可以道里计了。

据木官泰彦的推测，到应神天皇时代，由于乐浪、带方二郡的秦汉遗民移居日本，日本的养蚕、丝绸等业很快地发展起来，可能至少畿内地方贵族社会的衣服大有改进，后来又由于来自吴国的汉织、吴织，生产出丰富多彩的中国南方式样的美丽纺织品，并由于兄媛、弟媛，裁缝技术也改进了[①]。

这是中国与日本服装艺术结合的第一步，到了隋唐时代，日本遣隋使、遣唐使多次交往。文化的传播，逐年增进，日本人民的智慧与唐文化相结合，推陈出新，唐朝的服饰，也就成为日本的爱好与习俗。尤其日本妇女的和服，丰富多彩，花团

---

① 见木宫泰彦著《日本文化交流史》第三章。

锦簇，成为世界上有特色的服装之一。它的花纹图案和中国唐代的花纹有着历史的渊源。至今和服的名词中如“唐草”“唐花”“唐锦”等，都表明来自中国。

（二）茶的传播

茶是中国的名产，也是中国人民最早发明的饮料，它传播到日本的时间也较其他各国为早。茶在日本发展为茶道，它仿佛宗教的组织，并含有禅学的意味，普及于日本人民中。社会中，参加茶道的不可胜数。

茶原产于中国西南省区的丘陵地带。《汉书·地理志》记载“长沙国·茶陵”，至今仍称“茶陵”，大概是由产茶得名。茶叶在早期曾作药用，在魏晋时道家清谈之风盛行，“服食求神仙”流行于上层社会。饮茶可以益神养气。《博物志》说：“饮真茶，令人少眠。”茶最初归入药用植物。至唐陆羽著《茶经》，将茶分五类，对于茶有了进一步的认识。在盛唐时，日本的“遣唐生”“学问僧”，大批到中国，传习了中国人民文化的各方面，带回日本饮茶这样的习俗，并传入了茶子。约在7世纪末或8世纪初年，茶由中国传入日本，开始也曾作为药用，流行于佛寺和宫廷贵族中，在约于918年成书的《本草和名》这部日本古籍中，有了记载。在此以前，日本的僧侣与贵族，业已饮茶。大概在平安朝初年，日本“遣唐生”“学问僧”，由唐传入吃茶的风习，应是无可置疑的。

日本嵯峨天皇弘仁六年（815，唐宪宗元和十年）幸近江、滋贺，过梵释寺，大僧都永忠献茶。永忠于宝龟初年（770）留学唐朝，平时嗜茶。嵯峨崇爱中国文化，因此敕命畿内近江、丹波、播磨等地植茶，每年作为贡物。他又好汉学阴阳五行之说，设“阴阳寮”，倡书道。与空海、橘逸势共称三笔。茶道与书道、阴阳家言共同传入日本，即在其时。

但饮茶仪式发展而为茶道，却是与佛教禅宗相结合的结果。日本仁安二年（1168），荣西禅师入宋，约半年归国，文治三年（1187）复入宋。当时宋人饮茶之风甚盛。茶肆遍于社会各地。种茶制茶，皆有专业。社会有斗茶之好。龙团凤饼名茶，成为宫廷与外交上的名品。茶与禅相结合，流行于禅门之中。荣西归国，大宏此道，著《吃茶养生记》二卷，献茶与将军实朝，说饮茶之益，推动了上层社会饮茶的兴趣。僧人为济民而施茶，也普及到一般社会。茶从药用的范围成为一般社会的饮品，便从此时有了推广的基础。

把饮茶发展而为茶道，是有文化修养的禅僧的成就。禅僧常兼诗僧画僧，在日本能诗能画的缁流不少。从五山诗僧中，可以看出他们的清寂趣味。中国禅宗的南宗，吸收了庄周的玄学思想，不重戒律，而倡顿悟。达摩与南宗的慧能，都受到日本禅林的尊重，其宗旨以净心自悟、心无烦恼为要。饮茶静虑，涤去尘劳，即是一种修禅的方法。日本茶道的创始人千利休居士（1522—1591），初入大德寺古溪和尚禅门，受珠光茶法于武野绍鸥（1502—1555）完成茶道，他自始就是与禅门发生因缘的。

茶道的四规是："和、敬、清、寂"人间的社会，要保持和平，世界要保持和平，避免战争。以和为贵，不要称霸。人与人之间要互相尊敬，不要看不起别人。一碗茶也可以交一个朋友，就是淡交。露地草庵，寂然静坐，是禅味也是茶道。饮茶蔬食，是祛除疾病，顺适自然的生活方法。处在物质竞争的世界中，要"富贵不能淫，贫贱不能移，威武不能屈"，清心寡欲，无多需求。所以说，茶道也就是和平之道。

茶道的早期，既开始于诗僧画僧禅林之中，则其与诗画艺术之间的关系是不言而喻的。因此举行茶道的茶室，壁上常有名书名画和诗人的题咏。这些艺术作品，也往往以古淡为宗，以水墨作画，表现出茶人的哲学思想。还有茶碗与茶入，以及日本叫作"枣"的陶瓷器，多很名贵。为茶道而服务的京都乐家，就是陶瓷名工，世代相传。传自我国的天目碗，在茶道中也是名贵之品，因此中国的画艺与书道，在日本人中很受尊重。此外在茶室的建筑上，庭园的布置上，也表现了特殊的艺术风格。

茶室的建筑，在日本的古迹中，保存不少[①]。京都有茶道创始者千利休家传的古建今日庵，还是16世纪初年的造型，曾经后世修缮，已成为国家保管的文化财产，千利休初名田中与四郎，织田信长赐姓为千，丰臣秀吉赐领地三千石。天正十三年（1585）向正亲町天皇献茶，赐号利休居士。在当时他是巨富，但他的茶庵是幽雅朴素的。利休居士于日本天正十九年二月，被丰臣秀吉所迫，不屈自杀。这可见茶人的富贵不能淫，威武不能屈的气节。今日庵的园庭中，清趣苍然，石径侵苔，花木扶疏，无一点富贵人的尘俗气，显得极其幽静，有如城市的山林，应与茶人潜心禅寂有关。日本的造园艺术，曾受有中国的影响。

在平安时代，用自然的林泉景色，布置游乐名胜，场地开阔，多为贵族所享受。到室町时代，常用人工布置，造庭的技术特别发达。当时由于画僧禅僧的规划，与茶道相结合，提倡露地草庵，趋向平民化，茶道有了广众的基础。一般权豪武士

① 参看《茶席茶庭考》。

也爱好茶道。1588年丰臣秀吉曾于北野作大茶会，千利休作乐烧茶碗，茶道极一时之盛。在现存的16世纪古建筑中，往往设有茶室。在京都巡礼三千院、龙安寺、大德寺、金阁寺、修学院离宫等著名的胜地，其中多建有茶室。著名茶人所建的私家园庭，周围环境也布置得极其幽雅。如里千家的今日庵、表千家的不审庵、薮内家的燕庵，都是著名的茶人建筑。在江户时代，朱舜水到日本，也曾带去江南园林的古典布置。东京的后乐园，曾存留着朱舜水的遗制，造园无论大小，爱美爱清幽的情调则一。这是茶道与艺术的结合，也是中国文化与日本文化相结合的一端。

（三）食品的传播

中国很早就是一个农业发达的国家，在植物中发现食物与药物，对世界做出重要的贡献。就食物来说，神农的时代中国农民发现稻、粱、菽、麦、黍、稷，称为六谷。从石器时代延续到现代作为生活的主食，“五谷熟而民人育”，为自古以来的一句常言。特别是稻，为东南亚、中国、日本人民的主要食品。近年大豆的传播，也远达美洲，大豆就是中国古代所说的菽。美洲原产的土豆与玉米，近世纪也由海洋传入东方，成为常用的食品。

关于稻的原产地，经过科学家的研究，现在确定出于我国的云南省。据云南省农科院周季维的研究报告说：世界上的稻谷包括两个生物学种，一个是亚洲稻（普通稻），另一个是非洲稻（光身稻）。通称的稻谷是指前一种。如今普遍栽培，已普及全世界。据说种植的面积已超过一亿公顷。关于它的起源、演化及传播，一直是国际学术争论的议题。

从19世纪到20世纪50年代，日本、苏联、印度的农学家都认为稻谷起源于印度和日本，我国早期的教科书亦沿袭此说。其实并非如此。新中国成立后我国科学工作者在浙江河姆渡发掘出六千多年前的炭化稻，在江西界埠发现战国时期粮仓遗存的大量稻米以及湖南马王堆汉墓中的随葬稻谷。云南也发掘出四千多年前的炭化稻，并且还发现广泛分布着三种与亚洲稻近缘的野生稻。

近年来，各国专家通过杂交亲和率、遗传基因和生物化学等方面的研究，证明现今世界各国的栽培稻与云南原始稻种有血缘关系。日本和国际稻米研究所的学者，已公认云南是稻谷的发源地和演化变异中心。一些人类文化历史学家、民族学家、语言学家从各自的研究也已印证，最初种植稻谷的先民是居住在云南的百越民族。传播路线是沿澜沧江、怒江、红河向东向南传至珠江流域的闽粤、江浙的吴越和越南的雒越。向西跨越山河传到缅甸及印度。跟随物资文化的交流由陆路或海上传至朝鲜、日本、马来亚、菲律宾，再传到美洲、欧洲。它的行踪所至，都受到人民的欢迎。用以治膳和酿酒，成为主要的食品，已经有悠久的历史了。

我之前推论是由山东渡海而至日本的，今云南沧源发现岩画，其中画有船。船可由澜沧江顺流而下，至于闽粤，渡海而至日本。云南澜沧江、广东海南岛，均可能有浮海之民，挟稻谷以至东国，这种可能性是很大的。

种稻育种插秧苗的方法，在中国有很长的历史。其他各国的农民，也大致采用手插法。是否有互相学习的关系，尚待研究。中国近年发明了插秧机，变手工为机械，开始向非洲推广传授，也得到国际的欢迎。中国农学家培育的新稻种，正在实验推行，在科学上作了新的贡献。在1970年我国曾在河北磁县临漳铜雀台附近农场种植丰产的“和平稻”，以援助国际，这是又一贡献。中国农民以稻米造福人类，从有历史的时代起，应是无可否认的事实。至于中国种稻，由南向北部继续推广，这也是近年来的一项新试验。

中国南部是稻米盛产区，它与南洋群岛、日本、缅甸、印度，有近似的生活方式，以食米为主。日本是我们的近邻，关系更为密切。有不少食物是从中国传去的，如唐辛子、南京豆、人参（即胡萝卜）之类。我青年时代，有两年是在东京度过的，在我读书的大学赤门前，有夜市和书摊，有卖烧鸡的棚子，这使我想起在故乡的童年生活。

童年在故乡，我常同一群孩子在野地里放羊或挑菜。就在田野里烧蝗虫、野雀吃。1936年在东京，曾吃过从茨城乡间带回的蝗虫，吃起来童年的情景立即浮现眼前。在故乡我吃过的昆虫不止这一种，还有蝉的幼虫和蝉、蜉蝣的幼虫和蜉蝣、蚕的蛹子、蝈蝈、蠡斯等等，还有龙虱、蝎子。不意在青年时又在日本吃到蝗虫，可见我们两国人的原始生活中，颇有相同的爱好。这倒不一定是从海洋传给彼此的。

不过追究烧鸡的起源，这倒是颇有兴味的。人类最早发现了火的作用，开始熟食。熟食最原始的形式，就是在火堆中烧了吃。日本最流行的“剥烧”（寿喜锅），已有悠久的历史，与我国火锅的演进，大约也有千丝万缕的关系。京都的林巳奈夫教授告诉我，すき原意是锄，因此也可以叫“锄烧”，农民在田野锄地，打了鸟，就在锄上烤了吃，这就是原始的“烧鸟”。接着而有“鸟锅”“锅烧”“鳗烧”诸名。鳗烧即把八目鳗烧了吃。烧的东西从鱼鸟到蔬菜，内容逐渐丰富了，花样也更加翻新了。

鸟，原来泛指野鸟。鸡的输入，日本特名庭鸟，可见已经是驯化过的。自后鸟锅就是鸡锅了。日本种植的蔬菜，仍沿用野菜的名称，而且读的是汉音。可见原是采集野生植物做菜的，虽则传入了优良的蔬菜品种，却仍叫它野菜。至于唐辛子、胡葱、胡蒜之类的佐料，传自大陆，就更不用说了。我想“口之于味也有同嗜焉”。我们欢喜的，他们也会欢喜。

在渔猎时代，人类以鱼为食，这是很自然的，战国时的孟轲说鱼为他所好。冯谖弹铗，也叹食无鱼，可见鱼在食品中的重要。在日本简直就把作为食品的鱼称之为肴，而生鱼片至今还是席上的珍品。食生鱼生肉，在中国的南方民间，也有这种习惯。广州常食鱼生粥。在云南的彝族中，我曾食过生肉面条。日本把面条写作荞麦，这可能也是由中国传去的。

我1936年在东京隅田川公园和汉朗咏会中，饮过黄檗茶，1980年在京都里千家茶室中吃过怀石菜，是千登三子夫人手制的，清淡而有禅味。对于研究中日文化交流关系来说，这正好是一例。

中国与日本人民，有千年以上的兄弟般的友谊，互相学习，传播文化，不可胜举。如相扑、双陆、围棋等等，都已普遍深入到人民生活中。中国的漆器与瓷器，在日本都有很大的发展，转而示范中国。中国古代贵胄出门，盛行张盖（撑伞）。日本发明了制伞，又发明制造折扇。中国折扇源自日本，据宋郭若虚《图画见闻志》卷六说，中国最早传入的鸦青纸扇，上绘豪贵及妇人鞍马，名为倭扇，就是经由海舶而传入的。

九、中日文学的互惠

海洋的路，像一条锦带，它联系着东方与西方，向西通往古代的北非与大秦（东罗马），传播了中国的文化、中国人民的友好与智慧。也吸收了西方的文化，丰富了自己的文化。在东方，和各国的联系则更加密切。首先是朝鲜与日本，在文字、文学、宗教、政治、工艺、建筑等各个方面，都有很深的影响，几乎有血肉相连的关系。

东京帝大的盐谷教授曾说①，日本和中国一衣带水，在东海的两岸。所以这两国之间，不断有文化交流。他引了田中义成博士在斯文会中演讲所说的话："日本史上的重大事件，都是受中国的影响，《六国史》的编纂是效《史记》《汉书》，奈良朝女帝之多是以则天武后为范本，将门的谋反不过是五代

① 我于1935年在东京帝大曾听盐谷教授讲话。

争乱的恶影响，足利时代五山僧徒的干预政治，是因为明太祖出身僧侣，以致僧徒在禁中发挥势力，而加以仿效的。”能乐“则宛然就是中国戏”。这是盐谷教授复述田中博士的意见。田中博士是一位博览达识的日本史学家，他的话具有权威性。他认为中国历史上的治乱兴衰，都对日本有影响。两国文化的交流，千余年来，继续不断，这是事实。

盐谷教授把中日文化交流的关系，分为四期：第一期是奈良、平安两朝和唐的交通，暂把它作为文物输入时代。第二期是镰仓、室町时代和宋、元、明的交通，这主要是佛教输入时代。第三期是江户时代和清的交通，虽不是直接的，却是间接的汉学的输入时代。第四期是明治以后从清朝直到民国的交通，这是新学的输出时代。以上到了第三期止，是由中国传入文化的时代。到了第四期，是反由日本输出文化的时代。因此他认为在明治以前的日本文学如果没有汉文的素养，到底是不能够读，也不能够写的，同样的近来的中国文学则很受日本文学的影响。

盐谷先生的意见，只是举其重要者而言，如果说文物的输入，还可以提早。据原田淑人教授的研究，则汉魏时代，中国文物已经输入到日本了。自然以唐代为极盛，至今奈良正仓院所藏的宝物，多是唐代盛世的精品。若论佛教的输入，则鉴真之去日本，是日本人民普遍知道的，鉴真之前，已有唐僧赴日传法，所以也可以提早。宋元时代的禅宗输入日本，对武士阶层，确有不小的影响。至若中国的书道、茶道、柔术、相扑等等，在日本都有发展。有许多人民生活上的事情、风俗和传说，已经成为中日两个民族所共有。盐谷先生关于中日两国文字与文学的关系的看法，这里可略加介绍。

第一是音读和训读　盐谷先生说汉籍传入日本，据《日本书纪》的记载，相传始于应神天皇十六年（285），约当3世纪末。朝鲜半岛的百济博士王仁到日本，献《论语》十卷、《千字文》一卷（《古事记》）。当时相传皇太子菟道稚郎子以王仁为师而受业，想来必是自天皇始。大鷦鷯尊（即仁德天皇），亦必听王仁的讲义。在应神天皇崩后，皇子互让尊位，仁德天皇居于浪速而布仁政，说是“民富即朕富也”，这可以说是受儒教而发生的力量。他们做了后世政治上的模范。

但王仁教授《论语》，是用何种方法，却不明了。想来是音读而同时就一字一字来说明意义吧？王仁后来也能赋《浪速津》的和歌，大约他自己也通日本语。这不能就说他是用训读，恐怕也如同朝鲜对汉文的讲读方法吧。王仁的子孙称为史部，在朝贡职，而当时充文笔的，多是朝鲜和中国移来的归化人，以及他们的子孙，所以相信在这之间，自然而然的训读法就成功起来了。在奈良、平安两朝之间，从与隋唐直接交通开始以来，在大学寮中有音博士，也有音读，而同时也通行训读。研究日积，遂有诸家的“ヲコト”点图的发明，又成为“レ”“一二”“上下”等“返り点”“送り仮名”。把文法相异、不过是单语的罗列又难读的汉文，用流畅的日本语来纵横自在地加以读破这件事，实在是一伟大的发明。也有蔑视训读而主张音读者，在专门从事中国学问的人，固然很好，但对一般日本人来说，却不能这样要求。所以用这样的智慧创造来吸收中国文化，促进日本的精神文化，确是可向世界夸耀。

第二是真名与假名　盐谷先生说，《古语拾遗》的序文说“盖闻上古之世未有文字”，汉籍传入日本以前，日本未有文字，世所谓神代文字这类东西，无疑是后人的伪作。王仁把《千字文》和《论语》一同献上，这意义很深。因为一则以培养日本道德的根源，一则以开发日本文化的渊源。这就是说，把《千字文》的汉字，采用为日本国字。现在所问的不在于《千字文》是什么种类的东西，总之，把汉字采入作为日本国字，而又音训并用，极运用之妙，例如“忠孝”两字，即就原来的字音而采用的。因此就把字音和文字同时吸取了。不能说采用了汉字和原来的音，就说混乱了日语，在当时除此之外，也没有法子。而且这是最好的办法。这样一来，日本文化就进步了，而日本语言也大大丰富起来。

不过汉字笔画甚为复杂，而且使用文法相异的汉文来记日本语，是极不便的。因此遂至采用假名。所谓假名，就是假借汉字。例如万叶假名，就是使用整个的汉字。可是这样还是不便，因此遂取汉字的偏旁，而作片假名，更进而由草书融化而创平假名。假名的发明，也实在是日本人民智慧的创造。因此写日本语、作日本文就颇自由了。假名是假借字，而汉字是真名。在把真名（汉字）和假名并用，自由自在地去写日本文，可以说妙用无穷。奈良、平安两朝是汉文的全盛时代，以《六国史》为始，如《本朝文粹》都是堂堂的汉文。在当时假名却是女流文字（如《源氏物语》即用的是假名）。至于假名论者要把汉字全废，是要把日本使用汉字所传下的精神文明，也加以减却，日本人民当然不能同意。但是强要儿童记住许多不常用的汉字，也并无必要。小学儿童常用汉字约三千个左右，这在日本是不能再减的了。汉字在日语中已经根深蒂固，成为日本人民重要的文化工具，行之千有余年，所以日本人民对于废止汉字坚决反对。

盐谷先生所论，代表了日本权威学者的声音。汉字与日语，已经血肉相连，成为日本国书，不能分离，试观贺茂百树的《日本语源》一书，汉字与日语，已经成了胶漆难分的关系。而且书道艺术，在日本也极普遍，成为日本精神文明的重要部分。日本所谓“三笔”“三迹”——空海、嵯峨天皇、橘逸势、小野道风、藤原佐理、藤原行成等大书家，都是学的二王书法，无论唐样、和样，笔姿无二。日本人民从不以“外来语”视汉字，中日人民的文化是融为一体的。不似明治以来所学的欧洲文学，名为“外来语”，而且学习的方法也是同汉语迥异的。

第三是唐诗与和歌 盐谷先生说，《昭明文选》系梁昭明太子所编选，是汉魏六朝的诗文总集，盛行于唐代（唐有写本卷子行世）。日本亦受其影响。在奈良、平安两朝，盛为学人传诵。而和歌则勃兴于推古女皇（593）、舒明天皇（629）之世，不久即出现万叶歌人辈出的黄金时代。中村博士说，长歌的反歌，是学《楚辞》的“乱”的。又人磨、忆良、旅人、持家等人，汉文的造诣最深，在其思想文字上，受《文选》的影响历历可证。

中唐时期白乐天的诗歌，平坦流丽，风靡当时，因此《白氏文集》，传于日本与《文选》并行，呼为选、集。其流行的一斑，可于嵯峨天皇（816）、高仓天皇（1169）以至小野篁、清少纳言等逸话中见之。又在《和汉朗咏集》所引唐人诗句中，元白虽齐名，但元诗仅十一首，而白诗有一百四十二首。因此《古今集》所给予的影响，大约很多。论唐诗者，有初盛中晚之说，此说始于严羽《沧浪诗话》而大成于明之高季迪（青丘子），大体上认为从初唐到盛唐（618—713）长篇古体的诗很盛行，李白、杜甫、王维等辈出，天才横溢。到了中晚唐（763—906）短篇的近体即律诗和绝句盛行，杜牧、李商隐、温庭筠等作清丽的诗篇。这种初盛和中晚的诗风之不同，对《万叶集》的长歌和《古今集》的短歌，也应给予了不少影响。

对于盐谷先生的议论，我也同意。和汉朗咏之盛，在日本行之已久。1936年我在日本东大时，也曾参与盛会。秋夕在隅田公园黄檗寺中举行，有市村肆轩、井上哲次郎、宇野哲人、盐谷节山诸老教授在座，所朗咏的仍是白乐天的诗篇。我曾即席为七律一首，以淮上律调朗诵，举座尽欢。存有写真，思之有如昨日。

第四是唐人传奇与物语草纸　盐谷先生认为：唐人传奇是文语体的小说，有许多是四六骈体，文章华丽，中夹诗词。多是文人的业余作品。其中可分为别传（史外的逸闻）、剑侠（多为女子）、艳情（才子佳人的艳闻）、神怪（关于神仙道释的故事）等，其中杰作颇多，如《海山记》《红线传》《霍小玉传》《李娃传》《会真记》《游仙窟》等都是有名的。洪迈《容斋随笔》曾说："唐人小说不可不熟读，小小情事，凄惋欲绝。洵有神遇，而不自知者，与律诗可称一代之奇。"这种评论是恰当的。又据《拙堂文话》所述，"物语草纸之作，在于汉文大行之后，则亦不能无所本焉。《枕草纸》，其词多沿李义山《义山杂纂》；《伊势物语》如从唐《本事诗》《章台柳传》者；《源氏物语》，其体本《南华经》寓言，其说闺情，盖从《汉武内传》《飞燕外传》及唐人《长恨歌传》《霍小玉传》诸篇来。"

唐人的传奇，大约也是由"遣唐使"和留学生带到日本的。其华丽绮縟的文体，特别为女流文士所欣赏，因此遂看到物语草纸的勃兴。紫式部女史的《源氏物语》出自《长恨歌》，固不用论。《伊势物语》虽说是本自《本事诗》和《章台柳传》，但《游仙窟》实系其所自出。《游仙窟》为张鷟所撰，张传附见于《唐书·张荐传》。《游仙窟》内容，叙述张文成奉使于河源，误入仙女窟宅，受其款待的本末。文章艳绝。在嵯峨天皇时代（810），文章生英房说是感于木岛明神而读的，可以看出当时流行的情况。把它和业平的《伊势物语》比较：一都是自叙传的体裁；二都是多歌；三是内容很相似。《游仙窟》一书，中国已失传。在日本有醍醐寺写本（1344）、真福寺写本（1353）、庆安刻本（1652）等数种。其训点为日本国语学史上的重要史料，颇为学界所珍重。在中国清末，杨守敬访书日本，作《日本访书志》，始著于录。日本以为异书，尝有注，似亦唐时人作。河世宁曾取其中之诗十余首入《全唐诗逸》，鲍氏刊于《知不足斋丛书》中，1928年十月章川岛为《游仙窟》校印，鲁迅作序，岂明作跋，复传于中国。

关于《游仙窟》之传往日本，日本作家幸田露伴所著《蜗牛庵夜谈》中也有一篇文章，岂明曾加介绍。文章说日本最古的小说是《竹取物语》（破竹老人的故事），传入日本最古的小说莫过于《游仙窟》了。《竹取物语》的时代未能确定，大抵是在醍醐天皇延喜年间（901—922）吧。有人说这是《和名类聚抄》作者源顺（Minamoto no Shitagau，912— 983）所写，这种传说虽然为后人所驳正，但是他与《游仙窟》的关系确很密切。《游仙窟》传入日本或者就在张文成活着的时候。通行本上文章生英房序内有一句云："嵯峨天皇书卷之中，撰得《游仙窟》。"可见它在嵯峨天皇弘仁年间（810—823）即唐宪宗仁和时早已流入日本了。源顺承醍醐天皇第四公主勤子内亲王之命，编纂《和名类聚抄》二十卷，成书时代大约当在朱雀天皇承平年间（931— 937），系一种分类字典，全用汉字所书，所引书有《尔雅》《说文》《唐韵》《兼名苑》《辨色立成》《杨氏汉语抄》《四声字苑》《玉篇》《本草》等，又有《诗》《礼》《史》《汉》以及《白虎通》《山海经》之类，而《游仙窟》亦引用在内。可见《游仙窟》对于当时社会与源顺个人的影响之大了。

藤原公任（965—1041）编《和汉朗咏集》赠其女婿，下卷第三十八页妓女部中选录一联云："容貌似舅，潘安仁之外甥；气调如兄，崔季珪之小妹。"这实系《游仙窟》第四页女子所说的话。其后藤原基俊（1055—？）编《新撰朗咏集》下卷第四十二页恋之部中也有一联云："可憎病鹊，夜半惊人；薄媚狂鸡，三更唱晓。"案此系《游仙窟》第五十四页之文。至《万叶集》成于8世纪中，为日本最古之歌集，其中有许多篇，文情与《游仙窟》极相似。如大伴家持（？ — 875）赠坂上大娘歌十五首（《万叶集卷四》）其第一、第二、第四等篇，说者谓此数章歌词，盖本于《游仙窟》云。家持之前更有诗人山上忆良（660—733），著有《沉疴自哀文》一篇，收在《万叶集》中。文系忆良末年所作，正当唐开元二十一年，其中有云："《游仙窟》云：'九泉下人，一钱不值'"，与任徵君（昉）、抱朴子、孔子的话杂引在一起。据山上所引看来，《游仙窟》对于日本古代文人的影响之大，更是明白，而传入日本的时代也要比延喜更提早一百年了。

自山上忆良至藤原基俊，这其间约四百多年，《游仙窟》为文人社会所爱诵。至12世纪中有《唐物语》出现，又讲起《游仙窟》的本事，说是张文成思慕武则天而作。《唐物语》虽系小说，所记大抵皆有所本，因此令人猜想所记武（则天）张（文成）之事未必出于捏造，大约也有根据，或者当时有此传说。至于传说的来源，幸田推想以为或由于莲花六郎兄弟事迹之传讹，盖因易之、昌宗也是姓张，又二人的父亲名叫张行成，与张文成相近，而文成适有《游仙窟》一书，讲仙窟欢会的故事，后人便牵在一起，硬说张文成是武后的情人了。

第五是元明戏曲和能狂言　盐谷先生认为，在日本，阿国的歌舞伎，说是始自岩户神乐，中国的歌舞起源，也说是远溯于上代的巫觋；近代剧则说是滥觞于唐代的梨园。梨园中有以歌舞为主的歌舞戏和以滑稽为主的参军戏。这就成为宋的杂剧、金的院本，进而成为元的北曲、明的南曲。一般称前者为杂剧，称后者为传奇。南曲在明末成为昆曲——今日中国旧剧（以唱曲为主）的二黄。梆子又从昆曲和地方戏再演变而来。元陶宗仪《辍耕录》说：“唐有传奇，宋有戏曲、唱诨、词说，金有院本、杂剧、诸宫调。院本、杂剧，其实一也。国朝，院本、杂剧始厘而二之。院本则五人：一曰副净，古谓之参军；一曰副末，古谓之苍鹘，鹘能击禽鸟，末可打副净，故云。”文中所谓副净，即参军。参军和苍鹘——即副净和副末的滑稽调笑，是院本杂剧的主角。这有如日本狂言的大名和冠者一样。而元的北曲——即杂剧，有种种严格规则。毛西河《西河词话》说：“至元人造曲，则歌者舞者，合作一人。使勾栏舞者自司歌唱，而第设笙笛琵琶，以和其曲。每入场，以四节为度，谓之杂剧……然其时司唱者独属一人，仿连厢之法，不能遽变。”

依照此说，元的杂剧是由连厢剧更进一步。连厢剧犹如“能乐”的“仕舞”一样，歌者和舞者是分开的。昆曲是从南曲脱化出来的，它的舞法、唱曲法、舞台的构造法等，和日本“能乐”极相类似。因此日本田中博士看了中国戏，立即联想到“能狂言”，是有原因的。但在日本学者中，不少人反对此说。如高野斑山博士所主张，“能狂言”是日本固有的东西，不是受了元明戏曲的影响而成的。但也有学者主张是受了杂剧传奇的影响。盐谷先生引了《俳优考》中的一段话：“自镰仓时代之末以至室町殿时代之始，所谓传奇杂剧等，盛行于元朝。其时我朝之人，既往彼国，而彼国之人，亦来我国，彼此往来，于是行于彼国之杂剧，为我人所见所闻，而以田乐猿乐为业之辈，即仿效彼国之传奇，即将古所已有的可喜、可怒、可乐、可惊、可怕之事，作为歌词，用来歌舞。此为古之杂乐散更之遗风，又一变而仿效元朝之传奇杂剧之体也。异朝之所谓传奇者，系将古有之奇事，添加兴趣，作词以歌舞者也。演其戏者有所谓末、净、旦，即此处猿乐中所谓仕手、肋、狂言等。彼处上场之始必唱诗，而此处出至舞台之始，亦歌所谓‘次第’等等。彼所谓宾白者，则似此处之所谓词。彼处所谓词曲者，则似此处所谓‘サミケヤ’。概言之，一部之猿乐，无异于彼处之杂剧。”

盐谷教授引据这一段议论，他是同意的。他并且说室町时代和明代的交通、文化交流，颇有可能，且足利义满的使聘通往明朝，勘合船的往来不绝。一次二三百人渡航过去，一到京师，滞在既久，必有观剧的机会。被选为使者的五山僧徒，多有学问，耳濡目染，传习亦有根底。明使亦来日本，观看“能狂言”，也有机会，彼此互相采长补短，皆有可能。如能乐二百番中，像《西王母》《邯郸》，取中国题材的，竟有数十种。熟语故事之出自汉文的也多，例《三井寺》中月落乌啼的诗、《鞍马天狗》的张良、《船弁庆》的范蠡之类，不遑枚举。又如出自舞法规约的，手中执鞭以表示骑马，持楫以表示乘船，是彼此完全相同的。舞台的构造，唱曲是在舞台上唱的等等，彼此类似之点很多。

盐谷教授本人曾在中国留学，专门研究小说戏剧文学，曾从学于长沙叶德辉，在日本为此道权威。为沟通中日两国文化，讲学数十年，掌教大学，至于终老。他和高野博士的意见，虽不相同，但我在大学研究日本戏剧与音乐史时，他却介绍我往晤高野与田边两先生以讨论问题。讨论的问题中之一是，《三番叟》的音乐，确非日本所固有，而中国戏中的《跳加官》，必着面具，吹唢呐，虽沿古习，与日本的能乐，却很相似。我曾作浅陋的推测，以为“能”之与“傩”，或有关系，傩舞为中国古舞，常戴面具，面具亦名“傀儡”，至今傩舞发展为傩戏，湖南、江西、安徽等长江中游地区皆有之，保持古俗，仍戴面具。今剧化装脸谱，初仅化面部中段，如蒙面具，仍与古面具有前后承继关系。日本之“能”与中国之“傩”，读音相类。舞剧何以名为能？殆日本古舞，而以汉字注音（即如“散更”“歌舞伎”，亦以汉字注音，非取汉字原意）。中国有傩舞较早，《论语》已有“乡人傩”之说：行于周代，其浸染于乡俗者甚久，是社会群众性的娱乐，意亦如“田乐”。与日本之“能”，是否有接触关系，尚不敢断言，谨提供与研究中日文化艺术交流者。

第六是明清小说和江户文学　盐谷先生的论点是：中国古代小说，多是文语体，不过在唐代则除传奇之外，还有用俗语写的，这可以在近时发现的敦煌遗书中看到。可是一般都说小说是起于宋仁宗。这是因为当时天下太平，游戏文学，因以出现。《七修类稿》卷二十二说：“小说起宋仁宗，盖时太平盛久，国家闲暇，日欲进一奇怪之事以娱之，故小说得胜头回之后，即云话说赵宋某年。”这种小说是俗语体的小说，叫作浑词小说。

当时说小说有四家，有小说（讲谈）、讲史（军谈）、说诨话（落语）、说经（说教）这类的分科，到了南宋，益为流行。这事见于《东京梦华录》《都城纪胜》《梦粱录》《武林旧事》诸书。而作为稿本传下来的，有《宣和遗事》《京本通俗小说》《五代史平话》《大唐三藏取经诗话》等。就中《京本通俗小说》七种，近来虽有不同的说法，但在宋的话本上，却是珍贵的材料。这实是后来明代短篇小说《三言》的源流。又《大唐三藏取经诗话》是《西游记》的滥觞。世称《水浒传》《三国志》《西游记》《金瓶梅》为小说四大奇书。日本内阁文库的藏本在《全相平话》之中，有元至治新刊的《三国志》颇足珍贵。这实是《三国演义》的原本。四大奇书都是长篇浩瀚的作品，足以雄视于世界的小说界。此外短篇小说则有墨憨斋冯梦龙所编的《喻世明言》《警世通言》《醒世恒言》和即空观主人凌初成的《拍案惊奇》《二刻拍案惊奇》

等书。

且看这些小说是怎样影响到日本的江户文学，就可以证知中日两国近代文学的密切关系。在江户时代的小说中，特别受了中国小说的影响的，是浅井了意曲《伽婢子》（宽文六年刊，1666），这是明代瞿佑的《剪灯新话》的翻案，其次有近路行者（都贺庭钟）的《英草纸》（宽延二年，1749）、《繁野话》（明和三年，1766）和上田秋成的《雨月物语》（明和五年，1768）等。《雨月物语》据说是从《伽婢子》取材料，从《英草纸》学叙述，都是从中国小说作翻案的文章，为京传和马琴等著名作者开导了先路。又如冈岛冠山，通唐言，试为《水浒传》翻译。另外有冈白驹从“三言”中选萃而著《小说精言》四卷（宽保三年，1743），《小说奇言》五卷（宝历三年，1753），这是在原文上施以训读的。白驹的门人风月庄左卫门继承师志，著《小说粹言》五卷（宝历八年，1758）——原来是十卷，可惜只刊行五卷。

从这些作品看，已落后于中国百年，才介绍到日本来的。还有东都六树园（石川雅望）译《通俗醒世恒言》四卷（宽政元年，1789），和淡齐主人的《通俗今古奇观》五卷（文化十一年，1814）。又近江赘世子的《通俗赤绳奇缘》（宝历十一年，1761），则是《醒世恒言》中《卖油郎独占花魁》

的抄译。由是而至芝居芝叟的《卖油郎》（文化十三年，1816），十返舍一九的《通俗卖油郎》（文化七年，1810）等，又是原小说的翻案。

以上我们介绍了盐谷先生关于中日两国文学上相互影响的见解，由此可以看出在这一段时期中，中国与日本的小说，密切结合。真如古诗所说："以胶投漆中，谁能别离此。"两个民族的文艺，仿佛并蒂的花枝，在东方展放。金帆银帆，载来了彼此人民的智慧，相互融合，促进了两国文学的繁荣发展。到了1867年，日本明治维新，向西方世界吸收科学文化。西方文艺，进入日本的社会。中国转从日本学习，得到很多益处。

十、中日绘画的齐芳

日本民族是一个伟大的民族，她有丰富的创造力和爱好美术的悠久传统。中国人民和日本人民有长期友好的关系，在文化艺术诸方面，有着血肉相连的关系。古代的日本人民，曾经遥遥渡海而来，不畏风波，从唐代的长安带去了不少珍贵的文物宝藏，成为两国人民历史友好的证据。古代中国人民的文化艺术，曾被日本人民所吸收，在近代日本人民的文化艺术，又大大辅助了中国人民文化的发展。中日两国像并蒂的花枝，在古代和现代的东方文明领域中，呈现出灿烂的色彩，散发着馥郁的芬芳。

日本文化与中国大陆文化相接触，大约开始于汉魏时代。我国的《魏书》开始有了明确的叙述。而在日本，由于汉倭奴国王金印在志贺岛的发现，有不少汉代的铜镜从瓮棺古墓中出土，魏景初三年（239）铭文镜在大阪黄金冢古坟发现，中国汉魏时代的文化艺术，与日本古代文化艺术密切接触，就有了实物证明。再从隅田八幡出土的画像镜铭文上，江田船山古坟出土的大刀银嵌铭文上，我们看见了6世纪初年（503）的日本古代艺术遗物使用汉字记录历史年代的确证。可知至迟在汉魏时代，海洋虽深，风媒已播送了友谊的种子。两国人民的手臂，已经遥遥相挽了。

古代日本人民与中国的频繁接触，是在隋唐时代（581—907）。他们对于中国文化艺术的吸取，怀着极大的热情，中国人民也以极大的热情相待。在隋代的仁寿年间（607）日本派遣大礼小野妹子来使，自此以后，曾遣使三次。日本的使臣前来中国，偕有留学生同来，使臣回国后，留学生在中国学习，时间颇长。在唐代，日本继续派遣使臣前来中国。据日本的记载，前后任命“遣唐使”共十九次。唐中宗至玄宗时期，日本四次遣使，规模宏大，人数众多，号为最盛。

日本遣唐使来中国的目的之一，就是交流文化。遣唐使官一般都是选择文艺优秀通达汉文经史的文臣，使团人员中包括医师、阴阳师、画师、音乐长，并有众多的学问僧和留学生同行。来长安的遣唐使团，人员常常多到几百人，从唐中宗到唐玄宗时代的几次，都达到五百人左右。日本遣唐使归国后，多位列公卿，参与国政，唐代的文化艺术随之介绍到日本。当时中国人民对日本遣唐使的往返，亲切迎送，也常像兄弟般的难分难舍。这些遣隋遣唐的留学生和学问僧、绘师、乐师、建筑师等，带去了中国大陆的文化艺术。日本艺术家们以之为借鉴，发展着自己民族的文化艺术。

回溯日本自钦明十三年（552），汉文的佛典由东北陆路经百济渡海而传入日本，佛教的经论、造像，不断地由大陆输往，律师、禅师、比丘、比丘尼、咒禁师、造佛工、造寺工等也相随而至。因为当时崇信佛教，大量建筑寺院雕塑佛像、绘壁画、绘经卷，日本的宗教美术有了很大的发展。当他们对美术技法正多方进行研究的时候，无论创制或学习，中国的艺术家们，都尽力与之合作。这些早期艺人的名字，曾载入日本的史册。日本雄略七年（463）七月诏命新汉陶部高贵、鞍部坚贵、画部因斯罗我等，迁居于桃原、下桃原、真神原等地。相传魏安贵公之子龙一名辰贵，也以善画入日本。由于日本美术家的勤恳努力，这时期，日本的绘画与装饰画，有了很大的发展，进入成熟阶段，日本画派中的唐绘，即产生于这个时期。

从日本飞鸟时代的艺术遗物看，法隆寺所藏玉虫厨子，作中国宫殿建筑式样。下承须弥座，正面绘舍利供养图，左侧面绘金光明经舍身品舍身饲虎图，右侧面绘涅槃经圣行品施身闻偈图，背面绘须弥山图。厨子上部宫殿部分，绘有天部、菩萨诸像，画法于黑漆地上，施以朱、绿、黄等色，赋彩虽简，而线条雄健，颇似我国六朝时代的画风。据传为推古时代遗物，初藏橘寺，橘寺既废，转送法隆寺。

又中宫寺所藏天寿国曼荼罗丝绣残片，据铭文为推古二十九年（621）十二月圣德太子之母橘妃所绘，在这绣品上，残存有比丘敲钟、天女飞翔、玉兔捣药、莲花坐佛各部分。这两件遗物的绘画，虽然色彩简单，构图朴质，但是韵味笔致，都同中国六朝时期的画风十分近似。当其时在中国画坛上，陆探微、张僧繇、曹仲达等名家辈出，谢赫的六法论阐述了绘画的原则，画风东渐，对日本初期的美术也有一定的影响。

日本奈良时代，在7世纪建筑的法隆寺，大体仿照中国宫殿式样，是古建筑的宝贵遗物。寺内金堂壁画，绘于7世纪末8世纪初年，妙相庄严，婉丽多姿，它与盛唐时期的敦煌壁画，同一风格。这个壁画是日本的瑰宝，也是世界的瑰宝。它不仅为日本人民所喜爱，也为中国人民所喜爱，不幸流传一千多年的珍品，近年遭到烧毁。与壁画同时的圣德太子像，服饰冠带，仿佛唐制，写貌传神，也仿佛是一幅美好的唐画，这幅肖像画被称为日本大和绘的初祖。在奈良正仓院中，曾保存不少唐代传去的艺术珍品，为日本艺术家所钟爱。我们研究日本的大和绘，可以明显地看出它与唐画的密切关系。阎立本等名画师写真的技法，已经成为中日两民族艺术家们共同的遗产了。

奈良时代包括白凤（7—8世纪）与天平（8世纪）两个时期，前期的法隆寺金堂壁画与五重塔壁画，规模宏大，内容充实，而且艺术水平很高，是很有气魄的作品。到天平时期，药师寺所藏8世纪的吉祥天女图，与正仓院所藏鸟毛立女屏风，作风相同，都是胎息于唐画的手法。据日本美术史家关卫所说："这画的背面，记有开元四年［716，日本元正帝（灵龟）二年］的年号，其为中唐的画，自可明白。"（见《西域南蛮美术东渐史》）。这些画用墨勾出轮廓线，施以丹、绿、蓝等色，论其技巧，若与张萱、周昉所画唐代的仕女对看，细致丰腴，色彩柔和，正像一母所生的姊妹。

正仓院所藏琵琶的拨面，绘有骑象鼓乐图，阮咸的拨面，绘有松下围棋图。两者虽然是附在乐器上的绘画，但这种即兴点染的生活小景，不像佛画那样有一定程式，它可以自由抒写，随意表达人物的情态，因之更能看出当时写实技法所达到的成就。另外附在阮咸和琵琶上的，还有弹奏阮咸图、骑猎酒宴图，也属于这一类的绘画。从这些遗品上，我们可以知道中国古代用油彩作画的技法，也已传到日本。日本著名的漆绘，据日本美术史家的研究，与中国的关系也很深。而且早植基于唐代。

8世纪的另一著名作品，是醍醐寺报恩院所藏的《绘因果经》八卷。这个绘卷以上图下文的形式，描绘了佛本生的故事，并且衬托着树木、山岩，其中人物的画法以及表现树石的方法、写经的书法，都显示着唐朝的艺术作风。这个绘卷下启日本绘卷物的美术式样，并且是后来木刻印刷经卷上图下文的常用形式。

到8世纪末，日本都城由奈良迁于京都，从9世纪开始的平安时代，在画风上继续着唐绘的规范，盛行的仍然是佛教美术。日本高僧空海（弘法大师）与最澄（传教大师）等随遣唐使入唐求法，带去了天台、真言两宗，并把唐朝佛教密宗的佛画图样也带入了日本，于是佛教美术由显教转于密教，出现了不少白描的图像。如京都神护寺的“金刚界曼荼罗”、教王护国寺的“胎藏界曼荼罗”便是9世纪的密宗佛画代表作品。此外著名的密宗佛画，如高野山智证大师的“赤不动尊”、园城寺僧空光的“黄不动尊”，以及和歌山的“五大力吼像”等，怒目注视，威猛慑人，强烈的色调与凹凸的画法，应是传习了中晚唐的佛画作风。又李真所绘金刚智、善无畏、大广智、一行、惠果等五祖肖像，由弘法大师传入日本，这种细致而谨严的写貌传神的技术，曾为日本肖像画家所重视。其后加入龙猛、龙智及弘法大师像，称为真言八祖。这些肖像画，长期成为日本肖像画法的基础。这个时期，中国的画家，也有不少人定居日本，子孙世传其业。日本、中国的美术家，相互学习，融汇调和。到了10世纪，日本创立了“大和绘”的鲜明独特风格的画派。

佛教艺术的日本化，产生了新的艺术品种。在天历五年（951）落成的醍醐寺五重塔内，绘有两界曼荼罗壁画，天喜元年（1053）落成的平等院凤凰堂壁上，绘有《九品来迎图》，这些壁画的笔致优婉华丽，显示了日本美术的新作风，适合了社会的爱好与贵族们的趣味。

日本美术的更加成熟，是从10世纪到16世纪，包括日本美术史上的藤原（10世纪至13世纪）、镰仓（12世纪末至14世纪）、室町（14世纪至16世纪）各时代，日本美术经过了多样的发展，而民族风格越来越鲜明。从唐绘演变到“大和绘”，“绘卷”与“屏障画”盛行一时。“绘卷”是从《绘因果经》等佛教绘卷发展的。日本今传的古绘卷，在11世纪中期，有《圣德太子绘传》《伴大纳言绘词》《吉备大臣入唐绘卷》《寝觉物语绘卷》等。这时期以佛教为内容的绘卷仍复不少，如《地狱草纸》《善财童子绘卷》之类。但是绘卷的题材内容，以后逐渐扩大，描写战争，描写闺情，描写寻常世态，遂开江户时代浮世绘的先路。例如《源氏物语绘卷》《紫式部日记绘卷》《古物语绘卷》等，它的内容完全脱离了宗教范围。绘卷有如现代连环画一样，用连续的长幅绘画，解说一个故事的内容，从佛绘到物语绘，可以区分为说经、和歌、故事、战记、缘起、记录、传记、小说等。它的画风和内容纯然是日本特有的，它用绘画记录了这一时期的传说、习俗和故事，表达了日本社会各阶层的生活。

这一时期的另一特殊艺术是屏障画，由于贵族社会考究园庭，室内多用屏障，于是屏障绘画成为时尚。屏障画特别重视装饰趣味，内容有风景、花鸟、舞乐、游戏等等，色彩喜用金碧。金碧屏障风行一时，至桃山时代达于极盛。在大和绘中，占有重要的地位。

从飞鸟、奈良到平安时代的前期，日本的唐绘派成为画坛的主流。到894年以后，日本遣唐使中断，唐绘派有了演变，大和绘逐渐发展。当日本延喜、天历（901—956）之间，又时有中国船舶来往，中国宋代的绘画，又复输入日本，日本水墨画的产生，同中国宋代绘画的影响不无关系。

佛教在宋元时代，与宋元的理学相结合，发展而为禅宗，弃渐进而倡顿悟，常说心即是佛，不拘泥于形式。在绘画上也发展出新作风，产生了“逸笔草草，不拘形似”，不用艳丽色彩的水墨画，以古淡为贵。日本的僧人不断来中国，中国僧人一宁、良全等也去日本，把佛教的禅宗传入日本。在13世纪以后，日本出现了如拙、周文、宗湛、雪舟、宗誉、雪村、秋月、宗澜、周德等禅师而兼画师。同中国一样，日本水墨画与禅宗的关系也是很深的。在日本的室町时代，中国的水墨画风可以说盛行于日本的画坛。试以大画家雪舟为例，他的画曾吸取了夏珪、马远的画风。他又曾游历中国，住四明天童山学习，至老作画还眷眷于中国的风物，在画中表现出了浓重的中国景色。

16世纪的后期，日本绘画从水墨画的笼罩下，发生了新的变化，以狩野正信为首，形成了狩野派，这个画派一直繁荣到江户时期。正信之子元信，生于16世纪末叶，在足利将军家为官，狩野派便也成为官派画家，子孙世袭其业。狩野派的特点，即在于把汉画的样式日本化。他们常为封建贵族的宅邸画风景、花鸟屏障。到江户时期，也写社会风俗，与后期的浮世绘发生了关联。欧洲画风东渐，狩野派的绘画中，也常有所表现，所谓南蛮屏风，就多出于狩野派画家之手。

把日本绘画更向前推进，在17世纪有海北——长谷川派，土佐——住吉派，宗达——光琳派等。宗达与光琳，对于写生有坚实的基础，描写现实生活，作风严谨。日本绘画于是更加成熟。

这时期不可忽视的是“浮世绘”版画的兴起。浮世绘产生于17世纪，当时市民阶级抬头，这种艺术，表现了他们的趣味、愿望与生活，对封建统治者曾予以批判嘲讽，这在当时是有进步意义的。浮世绘产生于我国明代版画艺术高度发展以后，显然是受到明版画的影响。

日本早期的浮世绘，从宽永到宽文年间（1624—1672）为京阪的“肉笔浮世绘”，即彩色风俗画，而非木刻。到日本庆长十三年（1608），光悦本《伊势物语》刊行，是为木刻浮世绘的开端。进入江户时代，艺人辈出。岩佐又兵卫胜以（1578—1650）绘有《庶民游乐团扇图》《王昭君图》《三十六歌仙图》等作品，为木版浮世绘首出的画师。

木版浮世绘的成就，菱川师宣实为其重要的一人。师宣的作品，显明地受有中国版画的影响。如其所作《绘本风流绝畅图》，即由于看到中国的彩色版《风流绝畅图》，加以模刻。又如《丹绘》开始于日本延享年间，延享三年（1746）法眼大冈春卜出版《明朝生动画园》三册，刻有明画五十九图，绘者有文徵明、东郭、孙克弘、戴文进、丁玉川、朱铨、文衡、王维烈等。康熙时我国所印套色版《芥子园画谱》，亦为日本所翻刻。日本浮世绘师们，常常参考中国的版画，这在日本浮世绘版画的初期发展上，曾有不少影响，在后期更进一步发展，形成了日本独特的民俗艺术风格。

浮世绘的代表画家，菱川师宣是其先行者，继起的有宫川长春、鸟居清信、怀月堂安度、西川祐信、奥村政信、鸟居清满、铃木春信、矶田湖龙斋、胜川春章、东洲斋写乐、喜多川歌麿、鸟居清长、葛饰北斋、安藤广重等人。

鸟居清信与清满为鸟居派浮世绘的开创者，这一派为歌舞伎的舞台艺人写貌传神，并绘出许多舞台场面，与我国的杨柳青年画常绘京剧戏出相类似。

铃木春信的作品，作风纤柔，婉丽多姿，但是常常男女形态不分，男子亦似女子的姿媚。

东洲斋写乐的作品，专写优伶的相貌，形状近乎怪异，如漫画般的夸张，并且常用银灰色的云母粉纸作底，在浮世绘中，独树一帜。

喜多川哥麿，以绘仕女著名，驰誉西欧，给法国近代画家以不少影响。

北斋生于江户的葛饰村，他的作品有浓重的乡土景色，也是知名国际的浮世绘画家。

广重则以描绘旅途风光著名，在东海道中，表现了各驿站的风土人情，活画出江户时代社会各阶层的面貌。

其他画家所表现的有市井风俗、花鸟人物等等，都是纯日本式的情调。浮世绘到现代，经过高桥诚一郎[①]、藤悬静也[②]等专家的继承研究，更得到国际重视。由其影响而创造出新的风格。

在印刷浮世绘技术上，初为单色墨折，继续发展为丹绘、漆绘、红绘等等，由单色发展为多色。到18世纪的后期，套印繁复，色彩绚烂，称为锦绘，在手工印刷技术上，有很高的成就。浮世绘与中国木版的年画，作用相似，它植根在群众中间，在都市和农村，都有广大的爱好者。

从18世纪的末期到19世纪，还应该提到的有文人画派和圆山一四条画派。它与中国美术也发生着联系。文人画以池大雅、与谢芜村、浦上玉堂、青木木米等为代表，画风与中国的文人画相似。作画取材于山水、花鸟、人物，重在主观挥洒，自抒性灵，不拘泥于客观的描绘，但在后期的渡边华山，学习谷文晁的技法，却以善于写生著称。如他所绘的鹿的生态，即栩栩欲活。他长于人物肖像，花、鸟、虫、鱼，把握形象，超

① 高桥诚一郎不仅是浮世绘的研究家，他的画艺也是出色的。他生于1884年，日本庆应大学名誉教授，经济学博士。1948年任日本艺术院院长，东京国立博物馆馆长。为著名的浮世绘收藏家。著有《浮世绘二百五十年》一册（1939年版）。

② 藤悬静也著有《浮世绘之研究》三册（1943年版）。

越常人。到幕末维新时期，文人画派达到全盛。在同时的狩野、土佐、圆山、四条以及浮世绘艺术等流派，均被文人画的波涛所卷。但它自身也逐渐变化，非复本来的面目。

圆山——四条派以圆山应举、吴春为代表，学习了元、明、清画家钱舜举、仇十洲、沈南苹等的写生画法，更加参用欧西的科学透视方法，写实的基础非常严谨，在日本画中，开一新派。吴春画风景，混合着抒情和装饰趣味，驹井源崎擅画中国仕女，山口素绚擅画日本仕女，森狙仙擅画猿猴，写生妙技，都达到很高的水平。应举画有《群兽图屏风》，其中对于各种兽类，都能抓住它独具的生态，观察的仔细与状写的妙肖，可以称为写生大家。四条派的吴春，也出于圆山应举之门，他的追随者有松村景文、幸野梅岭和后来的竹内栖凤。栖凤的作品，花鸟生动活泼，尤其名重一时。此外专画人物的现代日本画家如镝木清方和伊东深水①，在他们的画笔下所表现的日本女性也为广大的群众所喜爱。造型优美，技术达到很高的成就。

自室町时代到江户时代，所有水墨画、狩野派、文人画派

① 伊东深水　1898年2月生于东京深川，本名伊东一。1911年学于镝木清方之门。作画色彩华丽，表情优美，独具特色，为日本艺术院会员。1972年卒，名作有《雪夜》《秋晴》《对镜》等，为江户浮世绘派最后的美人画家。

以至圆山——四条派等，虽派别不同，可以说都与中国画的影响有关。中国画为日本艺坛所喜爱，她具有很大的魅力，为日本美术史家所公认。日本人民自具独创的精神，由于她同中国文化有千年以上的联系，所以神契难分，但是日本画师们却又能发挥其特殊的智能，创造出新的面貌。日本画家向来尊重中国美术，自雪舟入明，从张有声、李在传习宋元画技，在日本画坛得到极高的声誉，号称“画圣”。宋、元、明、清的画幅多量地输入日本，各种画传画谱，日本也多翻刻。清代的伊孚九，在日本传授文人画，沈南苹传授写生画，都给日本画坛以很大的影响。日本的长崎画派，以僧逸然与沈南苹为宗，沈的花鸟技法、动物写生，被日本画家长期研究，更加提高发展，培育出民族风格的独特面貌。直到清代末年，还有些画家如费汉源、陆云鹄、朱柳桥、陈逸舟、华昆田、王克三等，长期居住日本，也使日本画与中国画保持着亲密的关系。

从以上的历史往迹看起来，中日两国艺术关系的密切，是不言而喻的。西村真次博士曾说过：“诧摩派从前代以来于佛画上器重宋元的风格，努力创造新风趣，至荣贺采取李龙眠和元代颜辉的笔意，而有中国风的表现，得到成功。……在此时代的晚期，可翁留学元朝，从牧溪学画十年归国，立北宗画的一派，是不应忘记的。如象建筑方面起了‘唐样’一样，绘画上也表现出中国风。”（见西村真次《日本文化史概论》第八章《中国技术的影响》）日本已故老画家中村不折氏在他的《中国绘画史》序言中说：“中国绘画是日本绘画的母体，不懂中国绘画而欲研究日本绘画是不合理的要求。”又中国绘画专门研究者伊势专一郎氏说：“日本一切文化，皆从中国舶来，其绘画也由中国分支而成长，有如支流的小川对于本流的江河。在中国美术上更增一种地方色彩。这就成为日本美术。”这是过甚的谦虚说法，但从这些专家的著述中，也可以看出日本与中国美术的亲密关系。

日本当我国的宋代，即以倭漆和倭扇艺术著名，由商舶传入中国。倭漆与福建漆艺，在艺术上互相观摩，得到进步。倭扇为中国的折扇艺术，开导了先路。宋郭若虚《图画见闻志》卷六载，折叠扇“用鸦青纸为之，上画本国豪贵，杂以妇人鞍马，或临水为金砂滩，暨莲荷、花木、水禽之类，点缀精巧。又以银泥为云气、月色之状，极可爱，谓之倭扇，本出于倭国也。近岁尤秘惜，典客者盖希得之”。这是日本扇画艺术辗转传入中国宋代的记载。按倭扇即折扇，当时为中国所无。日本的和名“末广”（Suehiro）因为末端宽广，从它的形式得名，又叫扇子，是接受了汉语的名称。日本书画扇面的形式，从古写经扇面开始，它的历史已久。到明代的红金扇、乌油描金扇，温州的赭红戏画扇，殆无不受日本倭扇艺术的影响。倭扇书画扇面艺术的传来，为中国艺术家所学习，到明代而大盛，数百年来，刻竹嵌钿，象牙紫檀，制以为骨，名家书画，代有发展，成为精致艺术的一种，推源其始，它是从日本传来的。

日本自明治维新以来，社会起一巨大的变革，从西方世界，输入了文化艺术。日本的绘画，要求透视、造型，更加准确，赋色更加多彩。试取明治以前的艺术作品，与现代名家作品，加以比较，后者显然受有西方艺术技法的影响。这也培养了中国现代新艺术。中国早期的洋画技法、西洋美术知识，就是经过日本输入的。中国的艺术学者，有不少曾赴日本学习，例如我国著名的艺术教育家徐悲鸿，在赴法之前，曾到日本参观学习，游览各名胜古迹及著名收藏，达一年之久。南京的吕凤子（浚）、吕秋逸（澂）兄弟，是在日本学的画艺。凤子教学美术数十年，秋逸讲西洋美术史、色彩学于上海美专、南京美专等校。李叔同（弘一）学艺日本，归国介绍美术技法及西洋美术知识，从事艺术教育工作。广东岭南画派的画家，如何香凝以画虎著名，高剑父、高奇峰兄弟擅画猿鸟花果，独树一帜，陈树人、经亨颐画花鸟竹树，构图新颖，他们多出于日本关东关西画伯的指导。

在我国北方的画家郑锦，学于日本，所作花木鸟兽，技法谨严，为中日艺坛所重，曾任北平艺专校长，培育出不少著名艺人。北京著名画家陈师曾（衡恪），对于书法篆刻、花卉诸作品，都有独到之处，并讲授中国美术史于南北各大学，早年也曾学于日本。在南京的陈之佛、傅抱石，皆学于日本，有声艺坛，这里不过举其较著名的而言，其他学于日本的艺术家，有成就的还不少，不能尽举。中国在推翻了清代的封建统治以后，艺术教育逐渐发展，也受日本艺术家的帮助和影响。

中国与日本的文化交流多是通过海洋来完成的。

浩瀚的海洋，辽阔宽广，海上的道路四通八达，它像一条条热情的手臂，伸向各个国家，将各国联结在一起。它传播友谊，交流文化，对人类的进步做出了卓越的贡献。

国家新闻出版广电总局
首届向全国推荐中华优秀传统文化普及图书

‖大家小书书目

经典常谈	朱自清　著
语言与文化	罗常培　著
习坎庸言校正	罗　庸　著　杜志勇　校注
鸭池十讲（增订本）	罗　庸　著　杜志勇　编订
古代汉语常识	王　力　著
国学概论新编	谭正璧　编著
文言尺牍入门	谭正璧　著
日用交谊尺牍	谭正璧　著
敦煌学概论	姜亮夫　著
训诂简论	陆宗达　著
金石丛话	施蛰存　著
常识	周有光　著　叶　芳　编
文言津逮	张中行　著
中国字典史略	刘叶秋　著

古典目录学浅说　　来新夏　著
闲谈写对联　　白化文　著
怎样使用标点符号（增订本）　　苏培成　著

诗境浅说　　俞陛云　著
唐五代词境浅说　　俞陛云　著
北宋词境浅说　　俞陛云　著
南宋词境浅说　　俞陛云　著
人间词话新注　　王国维　著　滕咸惠　校注
苏辛词说　　顾　随　著　陈　均　校
诗论　　朱光潜　著
唐诗杂论　　闻一多　著
诗词格律概要　　王　力　著
唐宋词欣赏　　夏承焘　著
槐屋古诗说　　俞平伯　著
词学十讲　　龙榆生　著
词曲概论　　龙榆生　著
中国古典诗歌讲稿　　浦江清　著
浦汉明　彭书麟　整理

唐人绝句启蒙	李霁野　著
唐宋词启蒙	李霁野　著
古典文学略述	王季思　著　王兆凯　编
古典戏曲略说	王季思　著　王兆凯　编
唐宋词概说	吴世昌　著
宋词赏析	沈祖棻　著
道教徒的诗人李白及其痛苦	李长之　著
闲坐说诗经	金性尧　著
陶渊明批评	萧望卿　著
舒芜说诗	舒　芜　著
名篇词例选说	叶嘉莹　著
唐诗纵横谈	周勋初　著
楚辞讲座	汤炳正　著 汤序波　汤文瑞　整理
好诗不厌百回读	袁行霈　著
山水有清音 ——古代山水田园诗鉴要	葛晓音　著

门外文谈	鲁　迅　著
我的杂学	周作人　著　张丽华　编
论雅俗共赏	朱自清　著
文学概论讲义	老　舍　著
中国文学史导论	罗　庸　著　杜志勇　辑校
给少男少女	李霁野　著
鲁迅批判	李长之　著
英美现代诗谈	王佐良　著　董伯韬　编
三国谈心录	金性尧　著
夜阑话韩柳	金性尧　著
英语学习	李赋宁　著
漫谈西方文学	李赋宁　著
历代笔记概述	刘叶秋　著
笔祸史谈丛	黄　裳　著
古典诗文述略	吴小如　著
有琴一张	资中筠　著
鲁迅作品细读	钱理群　著
唐宋八大家 ——古代散文的典范	葛晓音　选译

红楼梦考证	胡　适　著
《水浒传》与中国社会	萨孟武　著
《西游记》与中国古代政治	萨孟武　著
《红楼梦》与中国旧家庭	萨孟武　著
《金瓶梅》人物	孟　超　著　张光宇　绘
水泊梁山英雄谱	孟　超　著　张光宇　绘
《红楼梦》探源	吴世昌　著
《西游记》漫话	林　庚　著
细说红楼	周绍良　著
红楼小讲	周汝昌　著　周伦玲　整理
曹雪芹的故事	周汝昌　著　周伦玲　整理
古典小说漫稿	吴小如　著
三生石上旧精魂——中国古代小说与宗教	白化文　著
《金瓶梅》十二讲	宁宗一　著
古体小说论要	程毅中　著
近体小说论要	程毅中　著
文学的阅读	洪子诚　著
中国戏曲	么书仪　著

中国史学入门　顾颉刚　著　何启君　整理
秦汉的方士与儒生　顾颉刚　著
三国史话　吕思勉　著
史学要论　李大钊　著
中国近代史　蒋廷黻　著
民族与古代中国史　傅斯年　著
五谷史话　万国鼎　著　徐定懿　编
民族文话　郑振铎　著
史料与史学　翦伯赞　著
唐代社会概略　黄现璠　著
清史简述　郑天挺　著
两汉社会生活概述　谢国桢　著
中国文化与中国的兵　雷海宗　著
两宋史纲　张荫麟　著
明史简述　吴　晗　著
北宋政治改革家王安石　邓广铭　著
从紫禁城到故宫
——营建、艺术、史事　单士元　著
史学遗产六讲　白寿彝　著

司马迁之人格与风格	李长之　著
司马迁	季镇淮　著
唐王朝的崛起与兴盛	汪　篯　著
二千年间	胡　绳　著
论三国人物	方诗铭　著
考古发现与中西文化交流	宿　白　著
中国古代国家的历史特征	张传玺　著
艺术、神话与祭祀	张光直　著
	刘　静　乌鲁木加甫　译
中国古代衣食住行	许嘉璐　著
中国古代史学十讲	瞿林东　著

黄宾虹论画	黄宾虹　著
中国绘画史	陈师曾　著
和青年朋友谈书法	沈尹默　著
中国画法研究	吕凤子　著
桥梁史话	茅以升　著
中国戏剧史讲座	周贻白　著
俞平伯说昆曲	俞平伯　著　陈　均　编

新建筑与流派	童　寯　著	
论园	童　寯　著	
拙匠随笔	梁思成　著	林　洙　编
中国建筑艺术	梁思成　著	林　洙　编
沈从文讲文物	沈从文　著	王　风　编
中国画的艺术	徐悲鸿　著	马小起　编
中国绘画史纲	傅抱石　著	
中国舞蹈史话	常任侠　著	
海上丝路与文化交流	常任侠　著	
世界美术名作二十讲	傅　雷　著	
中国画论体系及其批评	李长之　著	
金石书画漫谈	启　功　著	赵仁珪　编
吞山怀谷——中国山水园林的艺术	汪菊渊　著	
中国古代音乐与舞蹈	阴法鲁　著	刘玉才　编
梓翁说园	陈从周　著	
旧戏新谈	黄　裳　著	
民间年画十五讲	王树村　著	姜彦文　编
民间美术与民俗	王树村　著	姜彦文　编

长城史话	罗哲文　著
中国古园林概说	罗哲文　著
现代建筑奠基人	罗小未　著
世界桥梁趣谈	唐寰澄　著
如何欣赏一座桥	唐寰澄　著
桥梁的故事	唐寰澄　著
园林的意境	周维权　著
万方安和 ——皇家园林的故事	周维权　著
现代建筑的故事	吴焕加　著
中国古代建筑概说	傅熹年　著

国学救亡讲演录	章太炎　著　蒙　木　编
简易哲学纲要	蔡元培　著
大学教育	蔡元培　著 北大元培学院　编
老子、孔子、墨子及其学派	梁启超　著
中国政治思想史	吕思勉　著
天道与人文	竺可桢　著　施爱东　编

春秋战国思想史话	嵇文甫　著	
晚明思想史论	嵇文甫　著	
新人生论	冯友兰　著	
中国哲学与未来世界哲学	冯友兰　著	
谈美书简	朱光潜　著	
中国古代心理学思想	潘　菽　著	
民俗与迷信	江绍原　著	陈泳超　整理
佛教基本知识	周叔迦　著	
儒学述要	罗　庸　著	杜志勇　整理
希腊漫话	罗念生　著	
佛教常识答问	赵朴初　著	
大一统与儒家思想	杨向奎　著	
孔子的故事	李长之　著	
西洋哲学史	李长之　著	
乡土中国	费孝通　著	
社会调查自白	费孝通　著	
经学常谈	屈守元　著	
墨子与墨家	任继愈　著	
汉化佛教与佛寺	白化文　著	
中西之交	陈乐民　著	

出版说明

“大家小书”多是一代大家的经典著作，在还属于手抄的著述年代里，每个字都是经过作者精琢细磨之后所拣选的。为尊重作者写作习惯和遣词风格、尊重语言文字自身发展流变的规律，为读者提供一个可靠的版本，“大家小书”对于已经经典化的作品不进行现代汉语的规范化处理。

提请读者特别注意。

北京出版社